교과서 인물로 배우는 우리 역사

LIVE
한국사 | 17권

무장 독립운동

천재교육

글 이준범

어린이 학습만화 스토리 작가로 재미와 유익함을 주는 이야기를 쓰고 있습니다. 주요 작품으로는 〈원더풀 사이언스: 초고층건물〉, 〈Why? 옷과 패션〉, 〈셀파 탐험대 수학: 수와 연산〉, 〈테일즈런너 나타부한 부수한자〉, 〈브리태니커 만화 백과: 양서류와 파충류/빛과 소리〉 등이 있습니다.

그림 인진호

인기 만화 잡지에 〈버스터〉와 〈비기닝〉을 연재하였습니다. 주요 작품으로는 〈마법천자문 단어마법篇〉 등이 있고, 특허청 홍보 만화 의 다수 작품을 하였습니다.

학습·감수 김민지

서울대학교 사범대학 역사교육과 석사과정을 수료하였습니다. 주요 저서로는 〈교학사 한국사 능력 시험 초급 개념서〉, 〈교학사 한국사 능력 시험 초급 기출 문제집〉, 〈메가북스 한국사 능력 시험 초급 개념서〉 등이 있습니다.

LIVE 한국사 ⑰ 일제 강점기 II 〈무장 독립운동〉

발행 | 2017년 6월 1일 초판 **인쇄** | 2023년 2월 27일 5쇄
발행처 | (주)천재교육
글 | 이준범 **그림** | 인진호 **학습·감수** | 김민지
표지 그림 | 윤재홍 **표지 디자인** | 양x호랭
편집 | 이복선, 박세경, 오수연, 김수지, 김정현, 이보람, 김수진, 이은녕
마케팅 | 김철우 **제작** | 황성진
사진제공 | **표지** 국립중앙박물관, 위키피디아
　　　　　본문 국립중앙박물관, 문화재청, 국립문화재연구소, 독립기념관, 연합뉴스, 픽사베이, 위키피디아
신고번호 | 제2001-000018호(1980.5.28)
팩스 | 02-3282-1717 **고객만족센터** | 1577-0902
주소 | 08513 서울특별시 금천구 가산로9길 54
홈페이지 | www.chunjae.co.kr

ISBN 979-11-259-2394-7 74910
ISBN 979-11-259-1336-8 74910 (세트)

이 책은 저작권법에 보호받는 저작물이므로 무단복제, 전송은 법으로 금지되어 있습니다.

추천의 글

우리가 역사 공부를 하는 이유는 우리 사회의 여러 문제를 해결하기 위한 지혜를 얻기 위해서입니다. 한국사는 우리 삶과 문화의 뿌리이기 때문입니다. 지구촌 시대에 이러한 소속감의 중요성은 그 어느 때보다도 강조되고 있습니다. 하지만 이런 소속감은 하루아침에 생기지 않습니다. 조금씩이라도 어릴 때부터 흥미를 가지고 역사 속 이야기들에 귀를 기울이면서 생각해 보는 경험이 필요합니다.

<LIVE 한국사>는 이런 목적에 맞게 잘 만들어진 책입니다. 무엇보다 쉽고 재미있으면서도 내용이 충실합니다. 최신의 연구 성과를 반영하고 균형감 있는 관점에 따라 잘 정리해 놓았습니다. 이 책을 읽는 초등학생들이 건전한 민주 시민으로 자라나게 될 것을 기대해 봅니다.

서울대 국사학과 교수
허수

이 책의 특징

1 인물 중심 역사!

인물과 관련된 사건의 원인과 과정, 결과를 만화 속에 녹여 독자의 이해를 돕습니다.

2 톡톡 튀는 정보!

만화 사이에 문화재 사진과 학습팁을 삽입, 놓치기 쉬운 학습 정보를 보충합니다.

꼭 읽고 만화를 보도록 해!

톡톡! 역사

신라에서 발견된 고구려의 유물은?

신라에서 발견된 고구려의 대표적인 유물로는 호우명 그릇과 적석총 등이 있다. 호우명 그릇은 경상북도 경주의 호우총에서 발견된 것으로, 그릇 밑받침에 새겨진 '을묘년국강상광개토지호태왕호우십'이라는 글귀는 이 그릇이 고구려의 공예품이라는 것을 알 수 있게 해 준다. 또 다른 유물인 적석총은 고구려의 전통적인 무덤 양식인데, 신라 땅이었던 울산 은현리에서 이러한 적석총이 발견되었다는 것은 신라가 고구려의 영향을 받았다는 것을 보여 주는 중요한 역사 자료이다.

▲ 호우명 그릇　　▲ 은현리 적석총

3 충실한 자료!

만화 속 배경, 복식, 나이 등을 실제 사료를 참고하여 충실히 구현했습니다.

최신 발굴 유적과 유물 사진, 교과서에서 자주 나오는 지도를 담았습니다.

 VS

▲ 고구려 집안현 개마무사 모사도 ⓒ 국립중앙박물관　　▲ 만화 속에 반영된 고구려 개마무사

발해 보루와 바리 토기는 2015년에 발굴되었어!

▲ 연해주 발해 보루터 ⓒ 국립문화재연구소　　▲ 연해주 발해 말갈층 바리 토기 ⓒ 국립문화재연구소　　▲ 교과서 속 지도

4. 한눈에 보는 역사!

만화에서 동아시아의 역사를 함께 보여 주고 핵심 노트에서 한국사와 동시대의 세계사를 요약, 정리했습니다.

고구려와 남북조의 관계를 묘사했어!

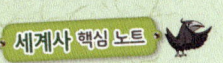

5. 드론 & 박물관 생생 역사 체험!

스마트폰으로 QR코드를 찍으면 해당 문화재가 있는 박물관 및 직접 촬영한 드론 동영상 등을 생생하게 체험할 수 있습니다.

6. 부록 역사 카드!

스마트폰으로 역사 카드 뒷면의 QR코드를 찍어 앱을 다운받으면 3D 증강 현실과 애니메이션으로 역사 속 인물을 만나 볼 수 있습니다.

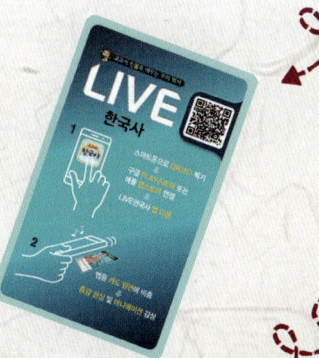

★ 멀티 영상 감상 방법!

① 스마트폰으로 QR코드를 찍어 〈LIVE 한국사〉 앱을 설치한 후 각 권을 다운받습니다.
② 카드 앞면의 이미지를 앱에 비추고 해당 권의 애니메이션을 선택하여 감상합니다.
③ 카드 한 장은 스페셜 카드로, 증강 현실과 3D 애니메이션을 감상할 수 있습니다.

역사 인물을 3D 동영상으로 감상!

인물에 관련된 애니메이션도 재밌게!

등장인물 소개

누리
무장 독립운동의 역사 정신은 무엇일까?

평소 역사에 관심이 많아 단짝 아라와 함께 경복궁으로 견학을 갔다가 덜렁대는 아라 덕분에 환상적인 역사 여행을 하게 된다.

아라
보주 조각은 나에게 맡겨!

용감하고 나서기 좋아하는 여장부. 한국사 공부에 대한 열정만큼은 누구보다 자신이 있다.

보주
우리 민족의 역사의식을 담은 결정체, 보물 구슬이야!

한민족의 역사의식을 담고 있는 보물 구슬로, 언제 어디서 생겨났는지는 아무도 모른다. 아라의 실수 때문에 20조각으로 부서져 과거로 사라졌다.

불쇠
냠냠, 쇠는 정말 맛있어!

불가사리라는 전설의 동물. 쇠를 먹고 다른 도구로 변형시키는 능력이 있다. 누리와 아라가 일본인과 대화할 수 있게 마법을 부린다.

홍범도
독립군 역사상 최초의 대승을 거두었다오.

(1868~1943년)
대한 독립군의 총사령관. 봉오동 전투를 승리로 이끌고 이후 고려 혁명 군관 학교를 설립했다.

김좌진
청산리 대첩은 우리 독립군의 위대한 업적이다!

(1889~1930년)
북로 군정서의 사령관. 청산리에서 일본군을 상대로 대승을 거두었다. 이후 대한 독립 군단을 결성했다.

남자현

"남자 못지않게 치열한 독립운동을 했지."

(1872~1933년)
'독립군의 어머니'로 불린다. 서로 군정서에 가입해 독립운동과 여성 계몽 운동에 앞장섰다.

김익상

"의열단의 이름으로 조선 총독부를 폭파한다!"

(1895~알 수 없음)
중국으로 건너가 의열단에 가입했다. 조선 총독부 폭탄 의거와 상해 황포탄 의거를 주도했다.

김상옥

"종로 한복판에서 일본 경찰들과 추격전을 벌였다네."

(1890~1923년)
종로에서 철물점을 운영하다가 의열단에 가입했다. 종로 경찰서에 폭탄을 투척했다.

이봉창

"일왕이 타고 있는 마차를 폭파한다!"

(1900~1932년)
한인 애국단의 단원으로 도쿄의 경시청 사쿠라다몬 앞에서 일본 국왕이 탄 마차에 수류탄을 투척했다.

김원봉

"의열단의 단장으로 수많은 의거를 지휘했다오."

(1898~1958년)
의열단, 조선 민족 혁명당, 조선 의용대, 한국광복군을 이끌며 독립운동가들의 의거를 지휘했다.

윤봉길

"이 한 목숨바쳐 거사를 꼭 성공하리라!"

(1908~1932년)
한인 애국단의 단원으로 상하이 훙커우 공원에서 물통 폭탄을 투척해 일본 제국의 주요 인사들을 처단했다.

차례

1장 홍범도와 김좌진이 힘을 합쳐 대승을 거둔 전투는 무엇일까? 10
        한국사·세계사 핵심 노트 42

2장 지청천이 만주로 간 이유는 무엇일까? 46
        한국사·세계사 핵심 노트 78

3장 김익상, 김상옥이 속한 단체의 이름은 무엇일까? 82
        한국사·세계사 핵심 노트 112

4장 김원봉에게 엄청난 현상금이 붙었던 이유는 무엇일까? 116
        한국사·세계사 핵심 노트 140

5장 윤봉길이 거사를 결심하게 된 사건은 무엇일까? 144
        한국사·세계사 핵심 노트 180

🔍 교과서로 보는 연표 9   도전! 역사 퀴즈 184
📷 QR 박물관 194   ✏️ 정답과 해설 196

＊만화 하단의 ▶표시는 역사 관련 어휘, ＊표시는 일반 어휘로 구분하였습니다.

교과서로 보는 연표

한국사 / **세계사**

이 책에 해당하는 역사 연도를 미리 살펴보세요!

한국사	연도	연도	세계사
		1909	일본, 청과 간도 협약 체결
국권 피탈	1910		
105인 사건	1911	1911	중국, 신해 혁명
		1914	제1차 세계 대전 발발
		1917	러시아 혁명
		1918	미국 14개 조 평화안 발표
대한민국 임시 정부 수립, 3·1 운동	1919	1919	중국 5·4 운동
봉오동 전투, 청산리 대첩, 간도 참변	1920	1920	국제 연맹 창립
김익상, 조선 총독부 폭탄 투척 의거	1921		
김상옥, 종로 경찰서 폭탄 투척 의거	1922	1922	소비에트 연방 결성
신채호, 조선 혁명 선언 작성	1923		
6·10 만세 운동	1926		
		1927	중국, 난징에 국민 정부 성립
광주 학생 운동	1929	1929	대공황 발생
		1930	베트남, 호찌민 베트남 공산당 창당
		1931	만주 사변 발발
이봉창, 도쿄 사쿠라다몬 의거 윤봉길, 상하이 훙커우 의거	1932		
		1935	이탈리아, 에티오피아 침공
		1937	중일전쟁, 난징 대학살
김원봉, 조선 의용대 창설	1938		
		1939	제2차 세계 대전 발발
		1941	일본, 하와이 진주만 기습, 공격
8·15 광복	1945	1945	제2차 세계 대전 종전, 국제 연합 창설

1장 1920년경

홍범도와 김좌진이 힘을 합쳐 *대승을 거둔 전투는 무엇일까?

* **대승** : 싸움이나 경기에서 크게 이김.
* **만주** : 중국 둥베이(東北) 지방을 이르는 말.

* **타임 슬립** : 과거와 현재, 미래를 오고 가는 시간 여행.
* **마스터** : master. 어떤 기술이나 내용을 배워서 충분히 익힌 사람.

▶ 독립운동가 : 1910년의 국권 피탈 이후 1945년 해방되기까지 우리 민족의 독립을 위하여 여러 가지 민족 운동을 전문적으로 하던 사람.

* 무력 : 때리거나 부수는 따위의 육체를 사용한 힘.
* 참전 : 전쟁에 참가함.

* **걸작** : 매우 훌륭한 작품.
* **호미** : 김을 매거나 감자나 고구마 따위를 캘 때 쓰는 쇠로 만든 농기구.

홍범도

▶ **홍범도(1868~1943년)** : 조선 말기의 의병장. 일제 강점기에는 독립군으로 활동하며 만주에서 독립군을 이끌었음.

* **무탈하다** : 병이나 사고가 없다.
* **타국** : 자기 나라가 아닌 남의 나라.

* **거점** : 어떤 활동의 근거가 되는 중요한 지점.
* **이동** : 움직여 옮김. 또는 움직여 자리를 바꿈.

▶ **독립군** : 우리나라가 일본에게 빼앗긴 국권을 찾기 위해 조직한 군대. 대한 국민회군·북로 군정서군·대한 독립군·서로 군정서군·대한 독립단 의용군·광복군 총영 등이 있었음.

▶ 토지 조사 사업(1910~1918년) : 일제가 우리나라의 토지를 빼앗기 위하여 벌인 대규모의 조사 사업.

 일제가 대한 제국 사냥꾼들에게서 총을 빼앗으려고 했던 이유는 무엇일까?

을사늑약 이후 일제는 대한 제국의 반발을 막기 위해 여러 가지 탄압 정책을 펼쳤는데, 대표적인 정책으로 대한 제국의 군대 해산과 총포 급 화약 단속법이 있다. 총포 급 화약 단속법이란 사냥꾼들의 총과 화약이 식민 정책에 저항하는 무기가 될까 봐 두려워한 일제가 사냥꾼들에게서 강제로 총을 압수하겠다는 정책이다. 이는 동물을 사냥하는 것을 직업으로 삼고 살아가던 사냥꾼들의 생활을 위협하는 일이었기 때문에 많은 사냥꾼들이 무기 반납에 단호히 반대하였다. 이후 총포 급 화약 단속법에 반대한 사냥꾼들은 단결하여 일제와 매국노, 친일파 척결을 위해 싸우는 독립군으로 발전하였다.

▶ **총포 급 화약 단속법(1907년)** : 일제가 한국인들의 저항을 우려해 일반인들이 가진 무기를 폐기하고자 실시한 정책.

* 바늘귀 : 실을 꿰기 위하여 바늘의 위쪽에 뚫은 구멍.
* 통솔력 : 무리를 거느려 다스리는 능력.

* 토벌 : 무력으로 쳐 없앰.
* 의병 : 외적의 침입을 물리치기 위하여 백성들이 자발적으로 조직한 군대. 또는 병사.

▶ 봉오동 전투 : 1920년 6월에 만주 봉오동에서 홍범도가 이끄는 대한 독립군이 일본군 제19사단을 크게 무찌른 싸움.

* **작전** : 군사적 목적을 이루기 위하여 행하는 전투, 수색, 행군, 보급 따위의 조치나 방법. 또는 그것을 짜는 일.

▶ **대한 독립군** : 1919년에 만주에서 홍범도를 중심으로 조직한 항일 독립군. 1920년 봉오동 전투에서 일본군과 싸워 크게 승리하는 등 활약하다가, 뒤에 대한 독립 군단에 편입되었음.

* **진인사대천명** : 盡人事待天命. 사람의 힘으로 할 수 있는 일을 다 하고 하늘의 명을 기다린다는 뜻.

* **일제히** : 여럿이 한꺼번에.
* **매복** : 상대편의 상태를 살펴 예상치 못한 때에 공격하려고 몰래 숨어 있음.

* 태세 : 어떤 일이나 상황을 앞둔 태도나 자세.
* 군사 : 예전에, 군인이나 군대를 이르던 말.

* 전멸 : 쳐부수어 멸망시킴.
* 전투 : 두 편의 군대가 조직적으로 무장하여 싸움.

* 포위 : 주위를 에워쌈.
* 전사자 : 전쟁터에서 적과 싸우다 죽은 사람.

* **유인** : 주의나 흥미를 일으켜 꾀어냄.
* **추격** : 뒤쫓아 가며 공격함.

▶ 북로 군정서 : 1919년 만주 지린 성에서 김좌진을 중심으로 조직한 무장 독립운동 단체. 1920년 10월 청산리 대첩에서 일본군을 크게 무찔렀음.

일제는 왜 서북간도에 병력을 집중시켰을까?

1920년 10월 2일, 일제는 중국에서 활동하던 마적을 매수하여 훈춘의 민가와 일본 영사관 분관을 습격하도록 지시하였다. 이를 훈춘 사건이라 하는데 13명의 일본인과 한국인 순사 1명이 죽었고 30여 명이 부상을 입었다. 일제는 이 사건으로 중국 측에 피해 보상을 요구하는 한편, 자신들이 직접 병력을 투입하여 마적단을 토벌하겠다고 주장하였다. 일제는 중국 측의 답변이 있기도 전에 대규모의 병력을 서북간도에 침입시켰고, 이는 마적을 토벌하기 위해서가 아니라 서북간도에 있던 독립군을 말살하기 위해서였다. 이 사건으로 인해 독립군들은 간도 지역에 살고 있던 한인들이 큰 피해를 입을 것이라 우려하여 군대를 백두산 쪽으로 이동시켰다.

* **마적** : 말을 타고 떼를 지어 다니는 도둑.
* **영사관** : 자국민의 보호를 위해 외국에 세워진 외무부 기관 중 하나.

* 옥살이 : 감옥에 갇히어 지내는 생활. 옥고는 옥살이를 하는 고생을 말함.
* 조국 : 조상 때부터 대대로 살던 나라, 자기의 국적이 속하여 있는 나라.

* 대피 : 위험이나 피해를 입지 않도록 일시적으로 피함.
* 거처 : 일정하게 자리를 잡고 사는 일. 또는 그 장소.

* 노인장 : '노인'을 높여 이르는 말.
* 도주 : 피하거나 쫓기어 달아남.

▶ 이범석(1900~1972년) : 일제 강점기의 독립운동가. 신흥 무관 학교와 북로 군정서군 등에서 독립운동을 했고 북로 군정서 연성대장으로 청산리 대첩에 참전하였음.

* 유인 : 주의나 흥미를 일으켜 꾀어냄.
* 유사 : 서로 비슷함.

* 사살 : 활이나 총으로 쏘아 죽임.
* 대승 : 싸움이나 경기에서 크게 이김.

한국사 핵심 노트

일제 강점기에 국외로 이주한 한인들의 삶을 살펴보자.

🟢 국외 이주 한인의 생활

1) 만주

만주는 한반도와 국경을 맞대고 있기 때문에 이미 1870년대부터 나라를 떠난 한인들이 가장 많이 찾는 곳이었다. 그러다 1910년 국권 피탈 이후 이주 한인의 수가 급격히 늘었다. 농민들은 가난을 견디다 못해 새로운 생활 터전을 찾아 떠났고, 독립운동가들은 일본의 영향력이 미치지 않는 국외에서 활동하기 위해서였다. 이들은 힘을 합해 황무지를 일구어 벼농사를 지었으며, 독립군 기지를 건설하고 직접 독립운동에 뛰어들었다.

2) 연해주와 중앙아시아

1860년대부터 러시아 정부는 연해주 개척을 위해 한인 이주를 적극적으로 환영하였다. 한인에게 러시아 국적과 땅을 주기까지 했다. 그 결과, 블라디보스토크의 신한촌을 비롯하여 연해주 여러 곳에 한인 마을이 생겼고, 훗날 이곳들은 독립운동의 중요한 근거지가 되었다. 1937년에 소련 정부는 연해주에 살던 한인을 8,000km나 떨어진 중앙아시아로 강제로 옮겼다. 17만 명이나 되는 한인이 화물 열차로 옮겨졌는데, 그중 1만여 명이 도중에 숨졌다. 이후 중앙아시아에 뿌리내린 한인들은 러시아어로 고려인이라는 뜻의 '카레이스키'라 불린다.

▲ 일제 강점기 국외 이주 한인 이민자 수

3) 아메리카

　1902년부터 1905년까지 하와이로 7천여 명이, 1905년에 멕시코로 1천여 명이 일자리를 찾아 떠났다. 이들은 사탕수수 농장과 오렌지 농장 등에서 아주 낮은 임금을 받으며 하루 17시간에 이르는 노동에 시달렸다. 이토록 고된 생활을 하면서도 이곳 한인들은 번 돈의 10~30%씩을 독립운동 자금으로 내놓았다.

잠깐 밭을 가는 것도 힘든데….

17시간이나 쉬지 않고 일을 하셨다니.

심지어 힘들게 번 돈을 독립운동 자금으로 기부하셨어.

4) 일본

　제1차 세계 대전 때에는 일본 기업이 한국에 와서 노동자를 모집하곤 했는데, 주로 토목·광업·운수업과 같이 일본인 노동자들이 일하기를 꺼리는 분야에서 싼값에 일할 사람을 찾기 위해서였다.

　1930년대 후반에 제2차 세계 대전이 일어나자 일본은 한국인 150만 명을 끌고 가 탄광, 건설 현장 등에서 강제로 일을 시켰다. 이들 중 대다수는 광복 이후에 한국에 돌아오지 못했다.

세계사 핵심 노트

20세기 초 세계의 탐험가와 발명가를 알아보자.

⬠ 제1차 세계 대전의 탐험가와 새로운 문물의 탄생

1) 유럽에 아프리카를 알린 리빙스턴

영국인 선교사 리빙스턴은 1853년에 아프리카 서쪽에서 탐험을 시작하여 잠베지 강을 거슬러 올라가 대륙의 동쪽 해안에 도착하였다. 이로써 그는 아프리카를 가로지른 최초의 유럽인이 되었다. 30년이 흐른 뒤, 그는 아프리카 중부에 있는 탕가니카의 호수 근처에서 열병에 걸려 쓰러졌다. 그때 〈뉴욕 헤럴드〉의 신문 기자인 스탠리가 가까스로 그를 찾아내 구조했다. 그 뒤에도 리빙스턴은 홀로 아프리카에 남아 탐험을 계속하다 세상을 떠났다. 리빙스턴은 유럽에 아프리카를 소개하는 역할을 했을 뿐 아니라, 아프리카 원주민들이 겪는 비참한 현실을 폭로하며 노예 무역을 반대하였다. 그러나 아프리카의 사정을 자세히 알게 된 유럽 제국주의 국가들은 앞다퉈 아프리카로 진출하여 식민지를 확보하고자 하였고, 경쟁 끝에 결국 제1차 세계 대전까지 벌였다.

▲ 선교사 리빙스턴

아프리카를 소개합니다!

2) 다다이즘

제1차 세계 대전이 끝나갈 무렵 유럽을 중심으로 시작되어 1920년대 초반까지 이어졌던 문학과 예술 분야의 운동이다. 스위스의 〈다다〉라는 잡지를 중심으로 벌어진 운동이라고 해서 다다이즘이라는 이름이 붙었다. 제1차 세계 대전이 벌어진 4년 반 동안 유럽은 1천만 명 이상이 목숨을 잃은 끔찍한 전쟁터였다. 유럽의 지식인과 예술인들은 눈앞에서 벌어지는 전투와 대량 학살을 보며 좌절했다. 그리고 자신들이 느낀 절망감을 거침없이 작품에 표현했다. 다다이즘은 현대에 이르러 현실과 논리를 벗어나는 자유로운 상상을 중시하는 초현실주의로 발전하였다.

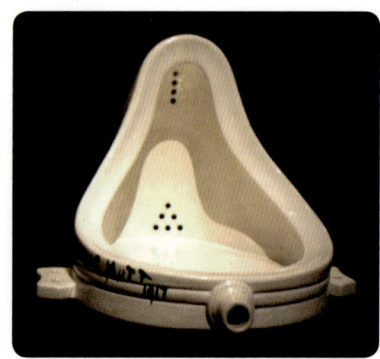

▲ 다다이즘의 대표 작품, 뒤샹의 〈샘〉

3) 비행기를 발명한 라이트 형제

미국의 라이트 형제는 장난감 기계와 자전거를 만드는 일을 하면서 *글라이더 모형 제작과 비행 실험에 매달렸다. 형제는 몇 년에 걸쳐 비행에 가장 적합한 날개를 만들고, 가벼우면서도 강한 엔진을 직접 만들었다. 새가 나는 모습을 본떠, 나는 동안 날개를 살짝 비트는 방법으로 방향도 조절할 수 있게 되었다. 1903년 12월, 동생 윌버가 탄 플라이어호가 59초 동안 255m를 날았다. 1,000여 번의 비행 실험 끝에 드디어 엔진을 이용한 인류 최초의 비행이 성공한 것이다.

▲ 동생 윌버 라이트(왼쪽)와 형 오빌 라이트(오른쪽).

4) 전쟁 무기로 사용된 비행기

플라이어호 이후 비행기는 끊임없이 발전하여 제1차 세계 대전 때에는 전쟁 무기로 사용되었다. 하늘을 날며 폭탄을 떨어뜨리는 *폭격기 때문에 사람들은 두려움에 떨었다. 1930년대부터는 민간 항공이 발달해 군인이 아닌 일반인들도 비행기를 타고 다닐 수 있게 되었다.

▲ LZ 129 힌덴부르크호
1937년 미국 뉴저지 주에서 폭발을 일으켜, 이후 비행선의 제조가 중단되고 비행기의 시대가 열렸다.

---

* **글라이더** : 비행기처럼 날개를 가져 엔진이나 프로펠러 없이 바람 등을 이용해 나는 항공기.
* **폭격기** : 폭탄을 떨어뜨리는 공격에 쓰이는 비행기.

2장 1920년경~1933년경

지청천이 만주로 간 이유는 무엇일까?

▶ **류허 현**: 중국 지린 성 퉁화 시의 행정 구역으로 1911년 독립군 양성 기관인 신흥 무관 학교가 이 지역에 세워졌음.

* 개간 : 거친 땅이나 버려 둔 땅을 일구어 논밭이나 쓸모 있는 땅으로 만듦.
* 심상치 않다 : 대수롭거나 평범하지 않다.

*양성 : 가르쳐서 유능한 사람을 길러 냄.
*군관 학교 : 병사나 사관 생도를 장교로 길러 내는 군사 교육 기관.

* 제공 : 무엇을 내주거나 갖다 바침.
* 유지 : 어떤 상태나 상황을 그대로 보존하거나 변함없이 계속하여 지탱함.

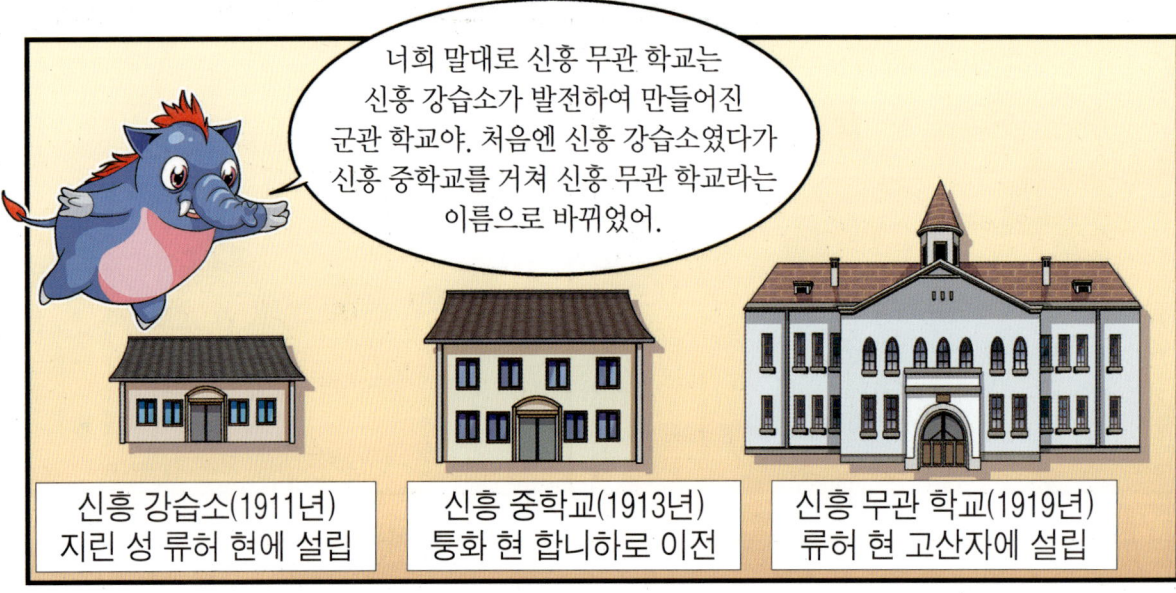

▶ 이회영(1867~1932년) : 일제 강점기 독립운동가. 만주로 망명하여 신흥 무관 학교를 설립, 독립군 양성과 군자금 모금 활동을 하였음.

* 훈련생 : 훈련을 받고 있는 학생.
* 격투 : 서로 맞붙어 치고받으며 싸움.

신흥 무관 학교의 훈련생들은 어떤 훈련을 받았을까?

신흥 무관 학교는 독립운동가 양성을 위한 전문 학교였다. 4년제의 본과 과정, 6개월의 장교반, 3개월의 하사관반을 두었고 학교를 거쳐 간 졸업생은 적어도 2년간은 학교의 명령에 따라 *복무한다는 규정을 둘 정도로 엄격한 교칙을 가지고 있었다. 훈련생들은 운동장에 모여 격투 훈련과 가상의 적을 상대로 싸우는 공격과 방어전을 연습하는 한편, 추운 겨울에도 얼음 강 속에 뛰어드는 야간 도강 훈련, 70리 길을 걸어서 이동하는 강행군 훈련 등 혹독한 훈련을 받으며 독립군으로서의 자질을 키워 갔다. 이런 훈련 덕택에 신흥 무관 학교는 일제 강점기 당시 2천여 명이 넘는 독립군 간부를 배출한 최대의 항일 무장 투쟁 기지의 역할을 하였다.

* **진영** : 서로 대립되는 세력의 어느 한쪽.
* **복무** : 어떤 직무나 임무에 힘씀.

▶ 서로 군정서 : 1919년에 만주 지린 성 안투 현에서 조직된 우리나라 무장 독립운동 단체. 농민들에게 군사 기술을 가르쳤음.

▶ **지청천(1888~1957년)** : 독립운동가·정치가. 일본 육군 사관 학교를 졸업한 후 만주로 망명하여 한국광복군을 조직하고 1940년 한국광복군 총사령관을 지냈음.

▶ 제1차 세계 대전(1914~1918년) : 독일·오스트리아·이탈리아의 삼국 동맹과 영국·프랑스·제정 러시아의 삼국 협상이 대립하여 일어난 세계적 규모의 전쟁.

* **조국** : 조상 때부터 대대로 살던 나라, 자기 국적이 속하여 있는 나라.
* **활약** : 활발히 활동함.

* 학살 : 가혹하게 마구 죽임.
* 치욕 : 수치와 모욕을 아울러 이르는 말.

* 총사령관 : 여러 군단의 최고 지휘관.
* 해산 : 모였던 사람이 흩어짐.

* 저항 : 어떤 힘이나 조건에 굽히지 아니하고 거역하거나 버팀.
* 참변 : 뜻밖에 당하는 끔찍하고 비참한 재앙이나 사고.

* **괴멸** : 조직이나 체계 따위가 모조리 파괴되어 멸망함.
* **면목** : 남을 대할 만한 체면.

* 대항 : 맞서 싸움.
* 석방 : 법에 의하여 구속하였던 사람을 풀어 자유롭게 하는 일.

* 첩자 : 한 국가나 단체의 비밀이나 상황을 몰래 알아내어 경쟁 또는 대립 관계에 있는 국가나 단체에 제공하는 사람.

▶ 남자현(1872~1933년) : 독립운동가. 3·1 운동 때 만주로 망명하여, 독립운동과 여성 계몽에 힘썼음.

▶ 유관순(1902~1920년) : 독립운동가. 18세 때 3·1 운동에 참가한 뒤 고향으로 가서 만세 운동을 주도하다 일제 경찰에 체포된 후 옥중에서 순국하였음.

윤희순(1860~1935년) : 우리나라 최초의 여성 의병 지도자. 30여 명의 여성 의병단을 조직했으며, 탄환을 만들어 의병에게 보급하는 탄약소를 운영하였다.

이들은 여성이었기 때문에 일제의 의심을 덜 받아 남성이 하지 못하는 임무를 수행하기 쉬웠어. 주로 *군자금을 *조달했고, 무기를 사용하여 투쟁하기도 했지.

조신성(1867~1952년) : 도산 안창호 선생과 함께 평양 진명 여학교를 운영하였고 맹산 독립단을 만들어 군자금 조달 및 항일 무장 투쟁에 기여하였다.

박차정(1910~1944년) : 학생 시절부터 항일 학생 운동을 주도하였다. 민족 독립에 관한 글을 발표하였고, 의열단에 가입하여 항일 무장 투쟁을 전개하였다.

우아, 여성 독립운동가들이 이렇게 많았어?

정말 멋져!

정정화(1900~1991년) : 27년간 대한민국 임시 정부 요인들의 뒷바라지를 하였고 독립운동 자금을 조달하고 대한 애국 부인회 등의 단체에 가입하여 활동하였다.

잃어버린 조국을 찾기 위해 앞장서서 독립운동을 하셨구나.

남자현 열사님은 어쩌다 독립운동가가 되신 거야?

남자현 열사가 독립운동에 뛰어들기 전, 남편이었던 김영주 열사가 의병 활동 중 전사했어.

남편분도 일본에 맞서 싸우셨구나.

* **군자금** : 군사상 필요한 모든 자금.
* **조달** : 자금이나 물자 따위를 대어 주거나 마련함.

* **전사** : 전쟁터에서 적과 싸우다 죽음.
* **암살** : 몰래 사람을 죽임.

* **뒷바라지** : 뒤에서 보살피며 도와주는 일.
* **담력** : 겁이 없고 용감한 기운.

▶ **사이토 마코토(1858~1936년)** : 일본의 정치가·해군 대장. 1919년에 조선 총독에 취임하여 문화 정치를 시행하였음.

* 반역 : 나라와 겨레를 배반함.
* 여비 : 먼 길을 떠나 오가는 데 드는 비용.

* 변절 : 절개나 지조를 지키지 않고 바꿈.
* 혈서 : 제 몸의 피를 내어 자기의 결심, 청원, 맹세 따위를 글로 씀.

 남자현은 왜 *무명지를 잘랐을까?

만주 사변에 대한 국제적 비난 여론이 커지자 국제 연맹은 현장 조사단을 파견해 일본의 만행을 조사하려고 했다. 이 소식을 들은 남자현 열사는 우리 민족의 독립 의지를 전할 수 있는 기회라고 생각하여 1932년 9월 19일, 국제 연맹 조사단장 영국인 리튼이 하얼빈에 오기로 되어 있던 날 왼손 무명지를 잘랐다. 조사단이 하얼빈에 머무른 14일간 중국인 5명, 러시아인 2명, 한국인 1명(김곡)이 조사단에 편지를 넘기려다 일제 경찰에게 붙잡혀 총살을 당했다. 이 같은 상황 속에서도 남자현은 손가락과 혈서를 전달하려 노력했다. 남자현 열사는 인력거꾼에게 돈을 주고 그것을 리튼 측에 전해 달라고 맡겼다. 이때 대한 여성들의 독립운동 현황에 대한 보고서도 함께 보냈다고 한다. 그러나 고개를 끄덕이고 사라진 중국인은 어디로 갔는지 알 수 없었다. 배달 사고로 끝난 무명지는 만주국 어느 구석진 곳에서 혈서와 함께 사라졌다.

▶ **한국독립원**: 韓國獨立願. 한국은 독립을 원한다는 뜻.
* **무명지**: 다섯 손가락 가운데 넷째 손가락.

▶ 만주국 : 1932년에 일제가 중국 동북부에 세웠던 나라로, 일본의 군사 기지 역할을 함.
* 대사 : 나라를 대표하여 다른 나라에 파견되어 외교를 맡아보는 최고 직급.

* [72쪽] 괴뢰 정부 : 다른 나라가 조종하는 대로 움직이는 한 나라의 행정부.
* 광복 : 빼앗긴 주권을 도로 찾음.

▶ 밀정 : 남몰래 사정을 살피는 사람. 여기서는 일제가 독립투사의 활동이나 정보를 캐고자 투입한 스파이를 말함.

▶ [74쪽] 노파 : 늙은 여자.
* 포위 : 주위를 에워쌈.

* 곡기 : 곡식으로 만든 적은 분량의 음식.
* 단식 투쟁 : 어떤 요구를 이루기 위하여 음식을 먹지 아니하면서 시위하는 일.

* 축하금 : 축하하는 인사로 주는 돈.
* 유언 : 죽음에 이르러 말을 남김. 또는 그 말.

한국사 핵심 노트

3·1 운동 후 국외 항일 운동을 알아보자.

🟢 독립군 양성 기지인 신흥무관학교

1) 신흥 무관 학교의 전신 경학사

1911년 봄, 이회영 형제들이 만주의 한인들과 함께 농사도 짓고 독립운동도 해 나갈 목적으로 경학사라는 단체를 만들었다. 그리고 그 안에 한인 자녀들에게 민족 교육을 할 목적으로, 신흥 강습소를 두었다. '신흥'은 신민회의 앞 글자를 딴 '신'과 잘되라는 뜻의 '흥'을 합쳐서 만든 이름이었다. 이후 신흥 강습소는 신흥 중학교로 발전하였다.

2) 신흥 무관 학교의 발전

'신흥 중학교'를 거쳐 1919년 5월에 '신흥 무관 학교'로 이름을 바꾸고 학교 문을 새로 열었다. 마침 3·1 운동이 끝나가던 때였다. 지청천, 이범석 등을 비롯해 수많은 애국 청년들이 소문을 듣고 국경을 넘어 신흥 무관 학교를 찾아왔다. 학생 수는 점차 늘어 한 학년이 600여 명에 이르렀고, 2년제 고등 군사반 외에도 3개월짜리 초등 군사반 등이 있었다. 신흥 무관 학교 출신들이 무장 투쟁을 활발히 벌이자 일본의 탄압이 집중되었다. 1920년경, 경제적인 문제와 도적 떼의 습격 등 여러 가지 사정으로 문을 닫게 되었다.

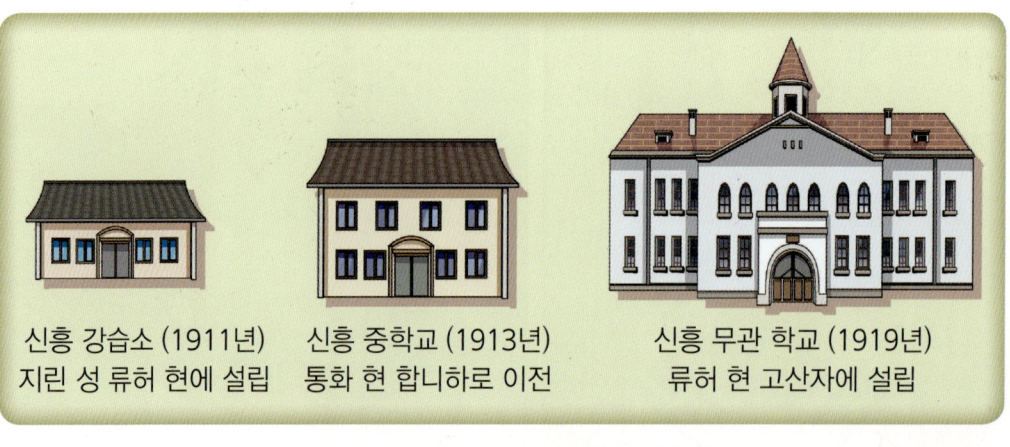

신흥 강습소 (1911년) 지린 성 류허 현에 설립
신흥 중학교 (1913년) 통화 현 합니하로 이전
신흥 무관 학교 (1919년) 류허 현 고산자에 설립

▶ 신민회 : 1907년 안창호 등을 중심으로 조직되어, 비밀 활동을 펼쳤던 항일 단체.

대한민국 임시 정부의 수립

1) 임시 정부의 수립

3·1 운동이 벌어질 즈음인 1919년 2월에 블라디보스토크에서는 대한 국민 의회가, 4월에는 상하이에서 임시 정부가, 국내에서는 한성 정부가 세워졌다. 이처럼 여러 곳에서 임시 정부가 생겨나자, 이들을 통합하여 하나의 정부를 수립하기 위한 운동이 일어났다. 드디어 1919년 9월, 상하이에 대한민국 임시 정부가 수립되었다. 그리고 대한민국 임시 정부는 입법, 행정, 사법의 삼권 분립과 민주 공화제의 원칙에 기초한 헌법을 제정하였으며, 대통령에 이승만, 국무총리에 이동휘를 선출하였다.

▲ 대한민국 임시 정부 수립 과정

▲ 대한민국 임시 정부 국무원 기념 사진

2) 임시 정부의 활동

임시 정부는 연통제와 교통국을 설치하여 국내와 긴밀하게 협조하며 활동을 펼쳤다. 또한 독립운동 자금을 마련하기 위해 독립 공채를 발행하였다. 특히 임시 정부가 중점을 둔 것은 외교 활동이었다. 1919년 파리 강화 회의가 열리자 임시 정부는 이미 파리에 가 있던 김규식을 외무총장으로 임명하여 독립 청원서를 제출하도록 하였다. 이 밖에도 각종 국제회의에서 한국의 독립 문제를 국제 사회에 알리려 노력하였다.

한국은 작지만 아름다운 나라입니다! 우리는 독립을 절실히 원합니다.

◀ 상하이 임시 정부 외무총장 김규식

▶ **연통제** : 정보 수집, 자금 모금 등을 위해 설치하였던 임시 정부의 비밀 행정 조직.
▶ **독립 공채** : 대한민국 임시 정부에서 독립을 담보로 발행한 최초의 채권.

세계사 핵심 노트

제1차 세계 대전 이후 달라진 세계의 모습을 알아보자.

⬠ 민주주의의 발전

1) 바이마르 공화국 헌법

1918년 제1차 세계 대전이 끝난 뒤 민족 자결주의 원칙에 따라 유럽의 여러 나라가 독립하면서 민주주의 제도를 도입하였다. 1919년 독일에서는 보통·평등·비례 선거를 통해 선출된 국민 의회가 독일이 연방 공화국임을 선포하였다. 국민 의회가 바이마르에서 열렸기 때문에 이때 수립된 공화국을 바이마르 공화국이라고 한다.

바이마르 공화국의 헌법은 '권력은 국민으로부터 나온다.'는 점을 인정하고, 남녀 보통 선거와 노동권을 보장하는 등 국민의 기본적 권리를 규정한 역사상 가장 민주적인 헌법이다. 그래서 오늘날까지도 여러 민주주의 국가에서 헌법의 기초로 삼고 있다.

2) 여성의 참정권 요구

제1차 세계 대전에 참전하기 위해 남성들이 집과 일터를 비우자, 남성들을 대신하여 군수품 생산 등에 앞장섰던 여성들의 사회적 역할이 커졌다. 게다가 전화, 타자기 등 새로운 기계들이 등장해 여성에게 적합한 일자리도 늘어났다. 전쟁이 끝나자 각국의 여성은 참정권을 요구하여 획득하였고, 적극적으로 교육과 취업의 기회를 확대해 나갔다.

나라·지역	여성 참정권 획득 시기
미국	1920년
영국	1928년
프랑스	1944년
아시아 아프리카	제2차 세계 대전 후 독립 과정 중
한국	1948년

▲ 참정권을 요구하는 미국 여성들

🔷 전체주의의 등장

파시즘은 '파쇼'라는 말에서 나왔다. 이 말은 원래 '결속'을 뜻하는 이탈리아어로서, 국가와 민족의 이익이 무엇보다 중요하기 때문에 이를 위해서라면 개인의 권리는 희생될 수 있다고 믿는 생각이다.

1) 이탈리아의 전체주의, 파시즘

제1차 세계 대전이 끝난 후 이탈리아에서는 물건값이 크게 오르고 실업자가 늘어 사회 혼란이 커졌다. 그러자 노동자들을 중심으로 사회주의가 확산되었고, 자본가와 지배 계층은 이 같은 현상을 누군가 막아 주기를 바랐다. 이때 이탈리아 수상에 임명된 무솔리니가 사회주의와의 전쟁을 선포하고, 파시즘을 내세운 시위를 통해 사람들의 마음을 사로잡았다. 파시스트당을 만든 무솔리니는 수만 명의 파시스트들을 이끌고 로마로 행진해 가서 정권을 잡은 뒤 사회주의자들을 탄압하고, 파시스트당을 제외한 모든 정당을 없앤 후, 독재 정치를 시작하였다.

▲ 무솔리니

2) 독일의 전체주의, 나치즘

미국의 투자로 겨우 유지되던 독일 경제는 미국에서 대공황이 일어나자 함께 무너지고 말았다. 1932년 독일 노동자의 약 40%가 실업자가 되었다. 이때 히틀러가 나타나 제1차 세계 대전의 패배로 짓밟힌 독일의 자존심을 회복하자고 외치며, 독일 경제가 나빠진 이유를 사회주의자들과 유대인들 탓이라고 주장하였다. 히틀러는 파시즘에다 인종 우월주의까지 더해 나치즘을 탄생시켰다. 1933년 독일 수상이 된 히틀러는 친위대와 국가 비밀경찰을 동원해 강력한 독재 권력을 세우고, 유대인을 탄압하였다.

▲ 무솔리니(왼쪽)와 히틀러(오른쪽).

▶ **파쇼** : fascio. 이탈리아의 파시스트당 혹은 파시즘적인 단체나 체제를 가리키는 말.

3장 1921년경~1923년경

김익상, 김상옥이 속한 단체의 이름은 무엇일까?

* 베이징 : 중국의 수도. 한자음으로 읽으면 '북경'임.
* 시국 : 현재 눈앞에 있는 나라의 정세.

* **감시** : 단속하기 위하여 주의 깊게 살핌.
* **행세** : 거짓으로 그 사람인 것처럼 행동함.

* 목적지 : 목적으로 삼는 곳.
* 안심 : 모든 걱정을 떨쳐 버리고 마음을 편히 가짐.

▶ 김익상(1895~알 수 없음) : 1921년에 조선 총독부에 폭탄을 던졌고, 1922년에 일본 육군 대장 다나카를 암살하려다 실패하여 체포되었음.

▶ 을사오적 : 을사늑약의 체결에 가담한 다섯 매국노. 박제순, 이지용, 이근택, 이완용, 권중현을 이름.

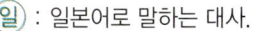 : 일본어로 말하는 대사.

* 확인 : 틀림없이 그러한가를 알아보거나 인정함.
* 검문 : 검사하기 위하여 따져 물음.

일 : 일본어로 말하는 대사.

* **실례** : 말이나 행동이 예의에 벗어남.
* **덕택** : 베풀어 준 은혜나 도움.

* **경성** : 일제 강점기 때에 존재했던 행정 구역으로, 현재의 대한민국 서울특별시. 광복을 맞은 이듬해인 1946년에 '경성'에서 '서울'로 이름이 바뀌었음.

의사와 열사, 어떻게 다를까?

사전에는 열사는 나라를 위해 절의를 굳게 지키며 충성을 다해 싸운 사람, 의사는 나라와 민족을 위하여 제 몸 바쳐 일하려는 뜻을 가진 의로운 사람이라고 나와 있다. 하지만 이런 풀이만으로는 의사와 열사의 뜻을 완전히 구분하기 어렵다. 이 두 가지의 차이를 독립운동사 편찬 위원회에서는 직접 무장 독립운동을 하지 않았어도 죽음으로 정신적인 저항의 위대성을 보인 위인을 '열사'라고 하고, 무력으로 행동을 통해서 큰 *공적을 세운 위인들을 '의사'라고 구분하였다. 따라서 감옥에서 죽음으로 저항한 유관순은 열사로 부르고, 무력으로 저항한 독립운동가 김익상은 의사로 부른다.

* **공적**: 노력과 수고를 들여 이루어 낸 일의 결과.
* **발령**: 직책이나 직위와 관계되어 명령을 내림.

▶ **의열단** : 1919년 중국 만주에서 조직한 항일 단체. 일제의 관청을 폭파하고 관리를 암살하여 일제의 공포의 대상이 되었음.

▶ 조선 총독부 : 1910~1945년까지 일제가 조선의 식민 통치를 위해 둔 행정 관청.
▶ 통감부 : 1905~1910년까지 일제가 조선의 침략을 준비하기 위해 둔 행정 관청.

* 범인 : 죄를 저지른 사람.
* 난리 : 세상이 소란하고 질서가 어지러워진 상태.

* **변장** : 본래의 모습을 알아보지 못하도록 옷차림이나 얼굴, 머리 모양 등을 바꿈.
* **청사** : 관청의 사무실로 쓰는 건물.

* 세관 부두 : 배를 대어 사람과 짐이 오르내리도록 만든 장소 중에서, 특히 여행자들이 가지고 다니는 물품을 단속하고 세금을 걷는 등의 일을 하는 곳.

* 법정 : 법원이 절차에 따라 사건을 검토하고 판결하는 곳.
* 연관 : 사물이나 현상이 일정한 관계를 맺는 일.

* **처단** : 결단을 내려 처치하거나 처분함.
* **감형** : 형의 선고를 받은 사람의 형벌을 줄여 주는 일.

* **폭파** : 폭발시켜 부숨.
* **악랄하다** : 악독하고 잔인하다.

* 철물점 : 쇠로 만든 여러 가지 물건을 파는 가게.
* 헌신 : 몸과 마음을 바쳐 있는 힘을 다함.

일 : 일본어로 말하는 대사.

100 ▶김상옥(1890~1923년) : 독립운동가. 1920년에 상하이로 망명하여 독립 자금을 모금하였고, 1923년에 종로 경찰서에 폭탄을 던지고 종로에서 일제 경찰과 총싸움을 벌였음.

* 매부 : 손위 누이나 손아래 누이의 남편을 이르거나 부르는 말.
* 거사 : 큰일을 일으킴.

* 밀고 : 남몰래 넌지시 일러바침.
* 뒷간 : 변소를 다르게 이르는 말.

* 혈투 : 죽음을 무릅쓰고 치열하게 싸움.
* 수류탄 : 손으로 던져 터뜨리는 작은 폭탄.

* **병력** : 군대의 인원, 또는 군대의 힘.
* **대거** : 한꺼번에 많이.

* 명중 : 화살이나 총알 따위가 겨냥한 곳에 바로 맞음.
* 명사수 : 총이나 활을 잘 쏘아 이름난 사수.

* 포위 : 주위를 에워쌈.
* 항복 : 적이나 상대편의 힘에 눌리어 굴복함.

* **총상** : 총에 맞아 생긴 상처.
* **조국** : 조상 때부터 대대로 살던 나라, 자기의 국적이 속하여 있는 나라.

* 보주 : 보배로운 구슬.
* [111쪽] 독립 : 다른 것에 예속하거나 의존하지 아니하는 상태로 됨.

* 염원 : 마음에 간절히 생각하고 기원함.
* 단서 : 어떤 문제를 해결하는 방향으로 이끌어 가는 일의 첫 부분.

한국사 핵심 노트

1920년대 국내 민족 운동을 알아보자.

🟢 일제의 민족 분열 정책

1) 문화 통치의 시작

3·1 운동 이후 일제는 그 전과 같은 방식으로는 한국인을 효과적으로 지배할 수 없다고 판단하였다. 그래서 무단 통치 대신 문화 통치라는 새로운 통치 방식을 내세우고, 해군 대장 출신인 사이토 마코토를 3대 조선 총독으로 임명하였다. 사이토 총독은 한국의 문화 발전을 위해 노력하겠다면서 언론·출판·집회·결사의 자유를 허용하고, 한글 신문 발행도 허용하겠다고 약속하였다. 헌병 경찰제도 보통 경찰제로 바꾸어 경찰 업무와 군대 업무를 분리하였다.

예전의 방식으로 한국을 통치하면 반발심만 더 커질 거야.

문화 통치라는 새로운 방식으로 저들을 단속하자!

2) 문화 통치의 두 얼굴

문화 통치는 겉으로는 한국인의 불만을 달래는 척하면서 실제로는 지배를 강화하려는 속임수였다. 경찰은 헌병에서 보통 경찰로 이름과 제복만 바뀌었을 뿐, 경찰 기관과 인원은 오히려 증가하였다. 신문과 잡지에서는 일본에 반대하는 기사를 골라내는 검열을 이전보다 강화하여 기사를 삭제하거나, 간행물을 뺏었다. 문화 통치의 진짜 목적은 한국인들이 반일 세력과 친일 세력으로 나뉘게 하여, 더 이상 3·1 운동과 같은 전 민족적 독립운동을 벌일 수 없게 하려는 데 있었다. 일제는 1925년 치안 유지법을 제정해 민족 운동을 감시하고 탄압하였다.

민족 실력 양성 운동

3·1 운동 이후 독립을 위해서는 먼저 우리 민족의 실력을 키워야 한다는 주장이 제기되었다. 그리하여 경제·교육 부문에서 다양한 운동이 벌어졌다.

1) 물산 장려 운동

1920년대 초에 회사령이 없어지고, 일본과 한국 사이에 관세가 없어져 일본의 자본과 상품이 한국으로 쏟아져 들어왔다. 그러자 평양에서 조선 물산 장려회가 만들어져, 위기에 놓인 한국인 기업을 살리기 위해 국산품을 사용하자고 주장하였다. 물산 장려 운동은 '조선 사람, 조선 것으로' 등의 구호를 내걸고 전국으로 확산되었다.

2) 민립 대학 설립 운동

일제는 한국에 대학을 설치하지 않고 주로 보통 교육과 실업 교육만을 실시하였다. 이에 성금을 모아 우리 민족의 힘으로 대학을 세워 인재를 양성하려는 움직임이 일어났다. 이승훈, 윤치호를 중심으로 '한민족 일천만이 한 사람 1원씩'이라는 구호를 내걸고 모금을 활발히 시작하였으나, 일제의 감시와 탄압이 심했던 데다가 1924년과 1925년에 가뭄과 수해 등 자연재해까지 겹쳐 모금을 중지할 수밖에 없었다.

▲ 이승훈

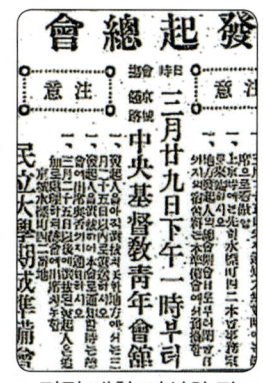
▲ 민립 대학 기성회 광고

세계사 핵심 노트

> 만주 사변을 전후한 중국과 일본의 갈등을 알아보자.

⬟ 일본의 만주 침략과 중국의 반일 운동

1) 관동군의 설치

만주에 일본군이 주둔한 것은 1905년 러일 전쟁에서 일본이 승리한 뒤였다. 일본은 전쟁이 끝난 이듬해 남만주 철도 주식회사를 세워서 만주 지역에 철도선을 깔았다. 그리고 철도 보호를 이유로 철도선 1km마다 15명의 수비 병력을 두었다. 이로써 일본군 수비대 6개 대대가 철도를 따라 배치되었고, 이 수비대가 1919년에는 관동군으로 발전하였다.

▲ 관동군 사령부

2) 만주 사변

1931년 9월 18일, 선양 류탸오후 부근에서 일본군이 건설 중이던 남만 철도가 폭파되었다. 일본군은 이것이 중국군의 공격으로 벌어진 일이니 보복해야 한다면서, 관동군을 중심으로 만주의 펑톈 성을 비롯한 주요 도시를 침략하였다(만주 사변). 이 사건은 일본군이 스스로 철도를 폭파시켜 꾸며낸 것이었다. 중국 대륙을 차지할 기회를 호시탐탐 노리던 일본이 일단 만주를 자신들의 식민지로 만들어 주요 자원과 군수 물자의 공급처로 삼으려는 계략이었다.

▲ 류탸오후 사고 직후 현장

> 일본은 만주를 시작으로 중국 침략을 계획했어.

> 그래서 만주 사변을 일으켰구나!

> 중국 국민들은 어떤 반일 운동을 했는지 115쪽을 살펴보자.

▶ **사변** : 전쟁을 시작한다는 공식 발표도 없이 다른 나라를 침입하는 일.

3) 만주국 수립

일본군은 기습 공격으로 만주 지역을 점령하고 1932년 3월 1일 만주국을 세웠다. 당시 만주국의 황제였던 푸이는 실제로는 어떠한 권한도 갖지 못하였으며, 만주국의 정책은 모두 관동군 사령관의 명령에 따라 결정되었다. 만주를 영원히 소유하기 위하여 '만주 개척단'이라는 이름으로 일본인들을 만주 지역으로 이주시키는 정책도 실시하였다.

▲ 만주국 청사

이에 국제 연맹은 일본의 침략을 비판하며 군대를 철수하라고 요구하였다. 그러자 일본은 국제 연맹을 탈퇴하고, 점령 지역을 넓히기 위하여 계속해서 군대를 동원하였다.

4) 민족적 반일 운동

만주 사변으로 중국 내 반일 감정이 들끓었지만, 중국 정부는 국민당과 공산당의 싸움에 열중하느라 일본의 침략에 적극적으로 저항하지 않았다. 이에 화가 난 중국 국민들이 나서서 일본의 만주 침략에 대해 격렬히 반대하였다. 전국 주요 대학에서 '항일 구국회'가 결성되었고, 대학생 수천 명이 일본과 싸울 것을 주장하면서 시위를 벌였다.

 **궁금해요!** 만주국의 황제가 된 푸이는 누구인가요?

푸이는 청나라의 마지막 황제인 12대 선통제의 이름이야. 청나라가 망하여 황제 자리에서 내려올 때 고작 일곱 살이었지. 이후에도 자금성에 남아 생활하다가, 19세가 되던 1924년에 서북 지역 군벌이 베이징을 점령하면서 자금성에서 쫓겨나 일본 공사관으로 몸을 피했어. 만주 사변 직후 일본은 만주국을 세워 푸이에게 다스리도록 요구하였어. 그는 일본을 이용하여 청나라를 부활시킬 것을 꿈꾸었지만, 끝내 그 바람을 이룰 수 없었지.

▲ 황제 푸이

▶ **군벌**: 군사력을 이용해 정치를 하려는 세력. 당시 중국의 군벌은 외세와 손잡고 국민에게 무거운 세금을 물리는 등 중국 사회를 혼란에 빠뜨렸음.

4장 1911년경~1938년경

김원봉에게 엄청난 *현상금이 붙었던 이유는 무엇일까?

* **현상금** : 무엇을 모집하거나 구하거나 사람을 찾는 일 등에 내건 돈.
* **무장** : 전투에 필요한 장비를 갖춤. 또는 그 장비.

* **목청** : 목소리, 성대.
* **염탐** : 몰래 남의 사정을 살피고 조사함.

* **일장기** : 일본의 국기. 직사각형 모양의 흰 바탕에 붉은 원을 한가운데에 그렸음.
* **본때를 보이다** : 다시는 잘못을 저지르지 않도록 따끔한 맛을 보이다.

▶ 윤세주(1900~1942년) : 밀양에서 3·1 운동을 주도하였고 이후 의열단에 입단한 뒤, 대한 민국 임시 정부와 협력하여 항일 운동을 이끌었음.

*[121쪽] 퇴학 : 학교에서 학생에게 내리는 징계 처분의 하나. 가장 높은 단계의 징계로, 학생이 더 이상 학교에 다닐 수 없음.

* **진학**: 학문의 길에 나아가 배움.
* **신념**: 굳게 믿는 마음.

톡톡! 역사 — 의열단이 원수로 여긴 사람들과 대상은 무엇일까?

무장 독립운동을 가장 적극적이고 활발하게 전개한 단체였던 의열단은 단장 김원봉의 주장 아래 처단할 일곱 적과 파괴할 다섯 대상을 선정하였다. 이를 가리켜 '오파괴', '칠가살'이라고 한다. 오파괴는 ① 조선 총독부, ② 동양 척식 주식회사, ③ 매일신보사, ④ 각 경찰서, ⑤ 기타 일제의 주요 기관이었고 칠가살은 ① 조선 총독부 이하 고관, ② 군부*수뇌, ③ 타이완 총독, ④ 매국노, ⑤ 친일파 거두, ⑥ 적의 밀정, ⑦ 반민족적 지방*유지였다. 김원봉은 단원들에게 뜻을 분명히 하기 위해 10개의 공약을 만들기도 하였다.

[의열단의 10개 공약]
- 천하에 정의로운 일을 맹렬히 실행하기로 한다.
- 조선의 독립과 세계 만인의 평등을 위해 신명을 바쳐 희생하기로 한다.
- 충의와 희생정신이 확고한 자만이 단원이 될 수 있다.
- 단을 우선하고 단원의 의를 급히 한다.
- 의백 1인을 선출하여 단체를 대표하게 한다.
- 언제 어디서든지 매월 사정을 보고한다.
- 언제 어디서든지 부르면 필히 응한다.
- 죽음을 피하지 아니하여 단의 뜻을 다한다.
- 하나가 아홉을 위해, 아홉이 하나를 위해 헌신한다.
- 단을 배반한 자는 처단하여 죽인다.

---

* **수뇌** : 어떤 조직이나 단체의 가장 중요한 인물.
* **유지** : 마을이나 지역에서 가장 영향력이 센 사람.

* 공작 : 어떤 목적을 위하여 미리 일을 꾸밈.
* 저격 : 일정한 대상을 노려서 치거나 총을 쏨.

* 자유 : 외부적인 구속이나 무엇에 얽매이지 아니하고 자기 마음대로 할 수 있는 상태.
* 권리 : 권세와 이익.

* 총격전 : 서로 총을 쏘면서 하는 싸움.
* 비밀리 : 관련 당사자 이외에 남이 모르는 가운데.

* 동지 : 목적이나 뜻이 서로 같음. 또는 그런 사람.
* 소속 : 일정한 단체나 기관에 딸림. 또는 그 딸린 곳.

* **정체** : 참된 원래의 형체.
* **계획** : 앞으로 할 일의 절차, 방법, 규모 따위를 미리 헤아려 작정함.

* 동포 : 같은 나라 또는 같은 민족의 사람을 다정하게 이르는 말.
* 앞잡이 : 남의 부탁이나 명령으로 끄나풀 노릇을 하는 사람.

* **처단하다** : 결단을 내려 처치하거나 처분하다.
* **행방** : 간 곳이나 방향.

*스파이 : 한 국가나 단체의 비밀이나 상황을 몰래 알아내어 경쟁 또는 대립 관계에 있는 국가나 단체에 제공하는 사람.

일제는 밀정을 이용해서 독립투사들을 어떻게 감시했을까?

1910년 국권 피탈 이후 *기득권층이 나라를 팔아버린 데에 분노한 한국인들은 이후 적극적인 투쟁으로 일제에 항거했다. 특히 항일 무장 독립운동을 적극적으로 실행했던 의열단은 단장 김원봉을 중심으로 일제의 주요 기관과 고위 인사들을 저격하는 활동으로 일제에게 공포감과 좌절감을 동시에 안겨 줬다. 일제 경찰은 의열단 및 한국의 독립운동가를 잡기 위해 한국인 출신의 경찰들에게 독립투사로 *위장해 의열단과 독립군의 정보를 알아내도록 밀정 활동을 지시하였다. 밀정들은 의거가 일어나는 장소와 시간을 일제에 알리기도 하고, 숨어 있는 독립군들의 위치를 고발하기도 했다.

의열단 녀석들이 도착할 때가 됐는데….

아무튼 너희를 이대로 두면 의열단이 노출될 수 있으니 조심해야 한단다.

단장님, 우리 동지가 떠날 준비를 하고 있습니다.

그래?

잠시 어디를 좀 다녀올 테니 너희는 여기 있거라.

네, 여기서 기다릴게요.

…라고 말씀드렸지만 가만히 있을 우리가 아니지!

어떤 활약을 하시는지 직접 가서 봐야겠어!

* **기득권층** : 사회, 경제적으로 여러 가지 권리를 누리고 있는 계층.
* **위장** : 본래의 정체나 모습이 드러나지 않도록 거짓으로 꾸밈. 또는 그런 수단이나 방법.

▶ **김지섭(1885~1928년)**: 3·1 운동에 참여한 뒤, 중국 상하이에서 의열단에 가입해 1924년에 일본 니주바시 다리에 폭탄을 던지고 현장에서 체포되었음.

* 거사 : 큰일을 일으킴.
* 경비 : 도난, 재난, 침략 따위를 염려하여 사고가 나지 않도록 미리 살피고 지키는 일.

목숨을 아끼지 않는 무장 투쟁을 전개한 의열단원은 누가 있었을까?

박재혁(1895~1921년): 부산 경찰서장 하시모도에게 *면회를 요청해 폭탄을 던졌다. 대구 형무소에 수감되어 고문으로 고통을 겪다가 사형 집행 전에 생을 마쳤다.

최수봉(1894~1921년): 밀양 경찰서장 와타나베에게 창밖에서 폭탄을 던졌다. 이후 지인의 집에서 자결하려다 체포되어 사형 선고를 받았고, 사형을 당하였다.

강우규(1855~1920년): 조선 총독 사이토 마코토의 마차에 폭탄을 던져 신문 기자·수행원·일제 경찰 등 37명의 사상자를 내었다. 서대문 형무소에서 사형을 당하였다.

나석주(1892~1926년): ▶식산 은행에 폭탄을 투하하고 불발되자 동양 척식 주식 회사로 이동하여 다시 폭탄을 던지고 일제 경찰들과 격렬한 *접전 끝에 자결하였다.

---

* 면회: 일반인의 출입이 제한되는 어떤 기관에 찾아가서 사람을 만나 봄.
▶ 식산 은행: 일제가 한국에서 신용 기구를 통한 착취를 강화하기 위하여 만든 은행.

* [134쪽] 접전 : 서로 힘이 비슷하여 승부가 쉽게 나지 아니하는 경기나 전투.
* 폭력 : 몸이나 무기로 때리거나 부수어서 억누르는 힘.

* 계몽 : 잘 모르거나, 예전부터 해 오던 대로만 하는 사람을 가르쳐서 깨우침.
* 항쟁 : 맞서 싸움.

신채호의 조선 혁명 선언에 담긴 내용은 무엇일까?

조선 혁명 선언은 1923년에 신채호가 김원봉의 부탁을 받고 의열단의 폭력 투쟁의 의미를 세상에 제대로 알리기 위해 작성한 의열단 선언서이다. 선언서의 내용은 민중들이 직접 끊임없는 폭력 투쟁을 해야지만 일제에게서 독립을 이룰 수 있다는 민중에 의한 직접 혁명론이었다. 이외에 다른 독립운동 수단이었던 내정 독립론, 자치론, 참정권론, 준비론, 외교 독립론에 대해서는 강하게 비판하였기 때문에 이 선언은 폭력만을 혁명의 수단으로 정당화했다는 비판의 여지가 있지만, 항일 독립운동기의 독립운동가들과 민족 구성원에게 독립에 대한 확신과 목표를 불어넣은 가장 호소력 있는 문서였다고 할 수 있다.

▶ **신채호(1880~1936년)** : 〈황성신문〉과 〈대한매일신보〉 등에 논설을 실어 독립 정신을 북돋우고, 국권 피탈 후에는 중국에 망명하여 독립운동과 국사 연구에 힘썼음.

▶ 중일 전쟁 : 1937년 루거우차오 사건에서 비롯되어 중국과 일본 사이에 벌어진 전쟁. 일본이 중국 본토를 정복하려고 일으켰음.

▶ **조선 의용대** : 1938년 중국의 한커우에서 조직된 독립운동 단체. 김원봉에 의해 창설되어 항일 운동에 많은 성과를 쌓았음.

한국사 핵심 노트

1920~1930년대 만주의 무장 독립 투쟁을 알아보자.

⬟ 만주의 무장 독립 투쟁

1) 의열단의 활동

3·1 운동 이후 무장 투쟁을 내세운 독립운동 단체의 활동이 활발해진 가운데 김원봉은 1919년 만주에서 의열단을 조직했다. 의열단은 '의로운 일을 맹렬히 실천한다.'라는 뜻으로, 조선 총독부, 경찰서 등을 폭파하거나 고위 관리나 친일파를 암살하는 활동을 하였다. 그러나 1920년대 후반 들어 개인의 의거만으로는 조선 독립을 이루기 어렵다고 판단한 김원봉과 의열단 단원들은 중국의 군관 학교에 들어가 훈련을 받은 후 군사 조직을 만들어 무장 독립운동에 뛰어들었다.

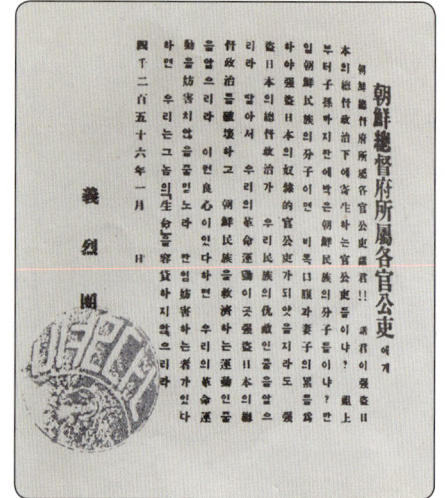
▲ 의열단의 경고문
의열단의 혁명 운동을 방해하지 말라는 경고문이 적혀 있다.

▲ 의열단의 활동

우리 의열단은 오파괴, 칠가살을 목표로 삼는다!

▶ **오파괴, 칠가살** : 파괴 대상인 일제의 건물 다섯 곳과 처단할 일곱 명의 대상들.

2) 3부 통합 운동

일본군이 독립군에 대한 보복으로 일으킨 간도 참변과 자유시 참변으로 수많은 독립군이 희생당하는 시련을 겪었다. 이후 만주로 돌아온 독립군 부대는 세력을 재정비하고 참의부, 정의부, 신민부의 3부를 조직하였다. 3부는 군사 조직이었을 뿐 아니라 독립운동 단체로서, 만주의 한인 사회를 다스리는 자치 정부의 역할까지 하였다. 1920년대 말 3부는 통합 운동을 벌인 결과 남만주와 북만주에 각각 커다란 독립운동 세력을 형성하였다.

3) 한·중 연합 작전

일제의 만주 침략으로 중국인들의 반일 감정이 높아지자 조선 혁명군, 한국 독립군은 중국군과 손을 잡고 일본군에 대항하였다.

① 조선 혁명군 + 중국 의용군

조선 혁명군은 양세봉을 총사령관으로 하여 중국 의용군과 연합 작전을 전개하였다. 영릉가 전투에서 일본군을 크게 격파하고, 흥경성 전투에서도 승리를 거두었다. 양세봉이 총에 맞아 사망한 뒤 세력이 약해지긴 하였지만 1930년대 중반까지 무장 투쟁은 계속되었다.

② 한국 독립군 + 중국 호로군

한국 독립군은 지청천을 총사령관으로 하여 중국 호로군과 연합하여 무장 투쟁을 벌였다. 1932년에 쌍성보 전투에서 일본군을 크게 이겼고, 1933년에 사도하자 전투, 동경성 전투, 대전자령 전투에서도 일본군을 무찔렀다. 그러나 일제의 공격이 거세지자 만주 지역의 군대를 해산하고 중국 본토로 이동하였으며, 일부는 한국광복군에 들어갔다.

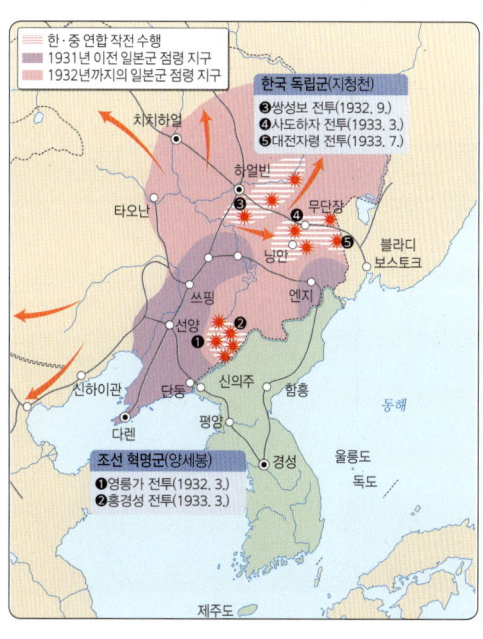

세계사 핵심 노트

중일 전쟁에 대해 알아보자.

⬟ 중일 전쟁

1) 루거우차오 사건

1937년 7월, 중국 베이징 루거우차오(노구교) 부근에서 일본군이 야간 연습을 실시하던 중, 몇 발의 총소리가 난 뒤 병사 1명이 갑자기 사라지는 소동이 일어났다. 사실 그 병사는 화장실에 다녀오던 중이었고 얼마 후 부대에 무사히 돌아왔지만, 일본은 중국군의 공격이 있었다며 문제를 삼았다. 이 총소리가 누가 쏜 것인지는 지금까지도 밝혀지지 않았다. 일본은 이 일로 군대를 동원해 루거우차오를 점령했다. 그리고 대규모 군대를 파견하면 중국이 겁을 먹고 굴복할 것이라 생각하여 **1937년 7월 7일 중일 전쟁을 일으켰다.**

총소리를 구실로 전쟁을 일으키다니!

난징 대학살로 억울하게 죽은 사람이 너무 많아!

2) 난징 대학살

일본은 강하게 중국을 공격하였다. 8월에 상하이를 점령한 뒤 곧장 중국의 수도였던 난징을 공격하여 그해 겨울에 함락시켰다. 정부가 떠나가고 난징에 남겨진 주민들은 무방비 상태로 일본군과 만났고, 두 달에 걸쳐 **약 30만 명의 중국인이 일본군에게 학살**당하였다. 이 같은 만행은 일본인 종군 기자와 외국인 기자들의 생생한 증언으로 밝혀졌다.

▲ 난징을 공격하는 일본군

▲ 일본군에게 붙잡힌 중국인들

3) 중일 전쟁의 시작

난징을 점령한 일본군은 중국의 10개 성과 주요 도시의 대부분을 점령하였다. 일본군은 중국 전체를 차지할 생각으로 수백만 명의 군인과 온갖 무기를 전쟁에 동원하였고, 1937년부터 1945년까지 계속된 전쟁 동안에 중국인 1,200만 명 이상이 사망하였다. 전쟁이 일어났을 때 중국은 국민당과 공산당의 갈등으로 혼란을 겪던 중이었다. 그러나 일본군의 총공격이 시작되자 이들은 2차 국공 합작을 통해 손잡고 항일 민족 통일 전선을 형성하여 일본군에 맞섰다.

▲ 난징 성에 입성하는 일본군

▲ 상하이 전투의 일본 해병대

 **궁금해요!** 국민당과 공산당은 왜 싸웠나요?

1920년대부터 중국에서는 국민당과 공산당이 오랫동안 힘을 겨루었어. 국민당을 이끌던 쑨원은 제국주의 열강을 몰아내기 위해 공산당과 기꺼이 협력하려 하였지(1차 국공 합작). 그러나 쑨원이 죽은 뒤 권력을 이어받은 장제스(1887~1975년)는 공산당을 싫어했어. 그래서 1927년 공산당원을 모두 쫓아내고 국민당 사람으로만 이루어진 정부를 수립하였어.

장제스는 만주 사변 후에도 일본의 침략에 맞서기보다 공산당을 뿌리 뽑는 데에만 열중해 있다가, 마오

공산당원들은 내 자리를 위협하니 없애야 해!

쩌둥(1893~1976년)이 이끄는 공산당이 국민들의 신뢰를 얻자 2차 국공 합작을 발표하고 힘을 합해 전쟁에 나섰어. 그러나 전쟁이 주춤해지자 국민당과 공산당의 군대는 다시 대립하였어. 결과는 공산당의 승리였지. 1949년 장제스는 공산당에게 중국 본토를 내주고 타이완으로 가서 1대*총통이 되었어.

＊**총통** : 국가의 정무를 총괄하여 집행하는 최고 책임 직위.

5장 1930년경~1932년경

윤봉길이 거사를 결심하게 된 사건은 무엇일까?

144 ▶ **의열단** : 1919년 중국 만주에서 조직한 항일 단체. 일제의 관청을 폭파하고 관리를 암살하여 일제의 공포의 대상이 되었음.

일제가 만주국을 세우게 된 과정은 어땠을까?

1931년 9월 18일, 일제는 만주에 만들어 둔 철도의 선로를 누군가 폭파했다며 이를 중국의 소행이라 단정 짓고 만주에 군대를 파견했다. 이 사건을 만주 사변이라 하는데, 사실 이 사건은 일제가 중국을 침략하기 위해 일으킨 자작극이었다. 이렇게 만주를 침략한 일본군은 중국군을 밀어붙이며 순식간에 동북 3성(랴오닝, 지린, 헤이룽장)을 장악하고 1932년 3월 1일에는 청 왕조의 마지막 황제였던 푸이를 황제로 앉히고 만주국을 세우기에 이르렀다. 이것은 사실상 중국 땅이었던 만주가 일제의 식민지가 되었음을 의미하는 것이었다. 만주국을 세움으로써 일제는 중국 본토로 진출하려는 *야욕의 발판을 마련했다.

---

* **위세** : 지위와 권세를 아울러 이르는 말.
* **야욕** : 자기 잇속만 채우려는 더러운 욕심.

* **상하이** : 중국 동부 양쯔 강 하구에 있는, 중국 최대의 상공업 도시.
* **물웅덩이** : 물이 괴어 있는 웅덩이.

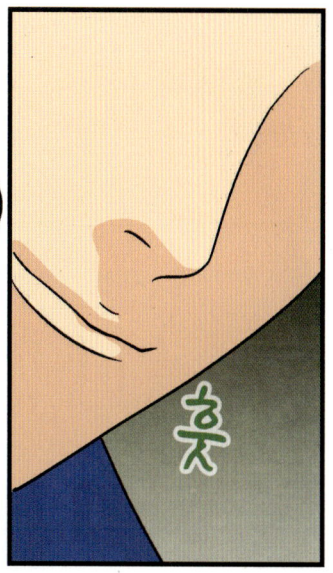

* [146] 신신당부 : 거듭하여 간곡히 말하는 당부.
▶ 한복 : 우리나라 고유의 옷. 특히 조선 시대에 입던 형태의 옷을 이름.

* **당돌하다** : 꺼리거나 어려워하는 마음이 조금도 없이 야무지고 다부지다.
* **인연** : 사람들 사이에서 맺어지는 관계.

* 추적 : 사물의 자취를 더듬어 감.
* 미행 : 다른 사람의 행동을 감시하거나 증거를 잡기 위하여 그 사람 몰래 뒤를 밟음.

* **귀족** : 가문이나 신분 따위가 좋아 정치적·사회적 특권을 가진 계층.
* **구차하다** : 말이나 행동이 떳떳하거나 버젓하지 못하다.

* 일주 : 일정한 경로를 한 바퀴 돎.
* 발전 : 더 낫고 좋은 상태나 더 높은 단계로 나아감.

* **도쿄** : 1869년부터 현재까지 일본의 수도. 간토 지방의 남부에 있으며 일본의 정치, 문화, 경제, 공업, 교통의 중심지임.

* **경시청** : 경찰 및 소방 업무를 맡아보는 관청.
* **관병식** : 지휘관이 군대를 확인하는 의식.

* 폐하 : 황제나 황후를 부를 때 쓰는 칭호.
* [155쪽] 중죄 : 무거운 죄.

* **자백** : 자기가 저지른 죄나 자기의 허물을 스스로 고백함.
* **연행** : 경찰이 피의자를 체포하여 경찰서로 데리고 가는 일.

▶ 이봉창(1900~1932년) : 도쿄 사쿠라다몬에서 일왕 히로히토에게 수류탄을 던짐.
▶ 효령 대군(1396~1486년) : 조선 태종의 둘째 아들. 세조의 명으로 불교 경전들을 번역함.

* **철공소** : 쇠로 된 재료로 온갖 기구를 만드는 소규모 공장.
* **본거지** : 활동의 근거로 삼는 곳.

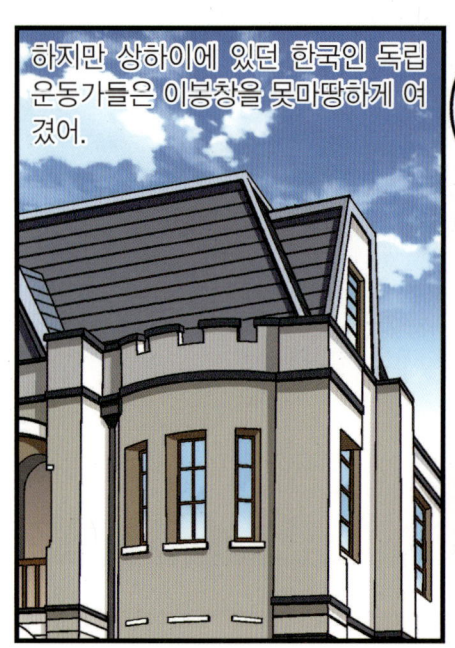

▶ 김구(1876~1949년) : 3·1 운동 이후 중국 상하이의 임시 정부 조직에 참여하였음.
* 의기 : 기세가 좋은 적극적인 마음.

▶ **한인 애국단** : 대한민국 임시 정부를 이끈 김구가 일제 지도부들의 암살을 목적으로 만든 단체. 1931년 중국 상하이에서 조직되었음.

김구 선생이 이끌던 한인 애국단은 어떤 단체였을까?

한인 애국단이란, 대한민국 임시 정부를 이끌던 김구가 일제의 주요 인물을 암살하려는 목적으로 조직한 항일 무장 독립운동 단체로, 1931년 중국 상하이에서 조직되었다. 의열단의 활동을 지켜보던 김구는 대한민국 임시 정부가 일제를 공격하는 모습을 보이면 중국 정부가 한국인의 독립 활동에 관심을 갖고 지원해 줄 것이라 여겼다. 또한 대한민국 임시 정부의 이런 활동이 독립운동에 있어 새로운*계기가 될 거라 생각하고, 한인 애국단을 만들어 일본의 왕, 일본 군대의 사령관과 대장, 조선 총독 등을 겨냥한 활동을 벌였다. 한인 애국단은 일제의 두려움의 대상이었으며, 이로 인해 중국 국민당 정부가 대한민국 임시 정부를 지원하게 된 계기가 되었다. 이봉창의 도쿄 의거는 한인 애국단의 이름으로 일으킨 역사적인 첫 거사였다.

한 명의 희생으로 만 명을 살립시다!

160
* **계기** : 어떤 일이 일어나거나 변화하도록 만드는 결정적인 원인이나 기회.
* **환송** : 떠나는 사람을 기쁜 마음으로 보냄.

* **위력** : 상대를 압도할 만큼 강력함. 또는 그런 힘.
* **집행** : 실제로 시행함.

* **순발력** : 순간적으로 판단하여 말하거나 행동하는 능력.
* **야학** : 야간 학교를 줄여 이르는 말.

* **농촌 계몽 운동** : 농촌의 생활 조건을 개선하고 농민의 교양 수준을 높이기 위하여 농민들을 교육하는 일.

윤봉길이 농촌 계몽을 위해 했던 활동에는 어떤 것들이 있을까?

윤봉길은 폭탄 투척 의거를 통해 무장 투쟁의 상징으로 알려져 있으나, 실은 오랫동안 농촌에 거점을 두고 농촌 계몽 운동에 힘쓴 계몽 운동가이기도 했다. 윤봉길은 자신의 고향이었던 충남 예산군에서 야학을 세워 농가의 아이들을 교육하는 한편, 〈농민독본〉이라는 책을 만들어 농촌 경제의 신장에도 힘을 기울였다. 또한 1929년에는 의형제 황종진 등 37명과 함께 월진회라는 단체를 창단하였다. 이들은 부업을 희망하는 농가를 지원하려 새끼 돼지를 한 마리씩 나누어 주어 기르게 하고 닭도 사육하게 하는 활동을 펼쳤다. 윤봉길은 농촌 경제 부흥을 통해 조국의 독립을 꿈꾸었지만, 일제 식민 통치는 농촌의 부흥만으로 벗어날 수 없다는 것을 깨닫고 중국으로 건너가 무장 투쟁에 몸을 던지게 된다.

* **망명** : 정치적인 이유로 자기 나라에서 위협을 받고 있거나, 받을 위험이 있는 사람이 이를 피하기 위하여 외국으로 몸을 옮김.

* **근심** : 해결되지 않은 일 때문에 속을 태우거나 우울해함.
* **후일** : 뒷날, 시간이 지나 뒤에 올 날.

▶ **장부출가생불환** : 丈夫出家生不還. 장부가 뜻을 세우고 떠나면 뜻을 이루기 전에는 살아 돌아오지 않는다는 뜻.

▶ **훙커우 공원** : 윤봉길이 폭탄을 투척한 사건의 장소로, 중국 상하이에 위치한 공원. 현재에는 루쉰 공원으로 불림.

* **선서식** : 여럿 앞에서 굳게 다짐하거나 맹세하는 의식.
* **교환** : 서로 바꿈.

* **지하** : 저승을 비유적으로 이르는 말.
* **태연** : 마땅히 머뭇거리거나 두려워할 상황에서 태도나 기색이 아무렇지도 않은 듯함.

* 회복 : 원래의 상태로 되돌이키거나 원래의 상태를 되찾음.
* 맹세 : 일정한 약속이나 목표를 꼭 실천하겠다고 다짐함.

모든 준비는 완벽해. 거사는 반드시 성공한다.

거사 이틀 전부터는 행사가 열리는 훙커우 공원을 방문하여 장소를 꼼꼼히 *답사하기도 했지.

*단상은 저 위. 이쯤에서 기다렸다 폭탄을 던지면 될 거야.

1932년 4월 29일, 여기가 바로 윤봉길 의사가 의거한 훙커우 공원 행사장이야.

사람이 엄청 많아!

거사를 성공시키실 수 있을까?

172　＊ **답사** : 현장에 가서 직접 보고 조사함.
　　　＊ **단상** : 교단이나 강단의 위.

* 제창 : 같은 가락을 두 사람 이상이 동시에 노래함.
* 행사 : 어떤 일을 축하하는 자리 또는 식.

174　* 타도 : 어떤 대상이나 세력을 쳐서 거꾸러뜨림.
　　* 불발 : 총알이나 폭탄 따위가 발사되지 아니함.

* **군사 법원** : 군사 재판을 관할하기 위하여 둔 특별 법원.
* **유시** : 죽기 전에 마지막으로 남기는 시.

* **유골** : 주검을 태우고 남은 뼈. 또는 무덤 속에서 나온 뼈.
* **봉안** : 시신을 화장하여 그 유골을 그릇이나 봉안당에 모심.

▶ 장제스(1887~1975년) : 중국의 군인·정치가·중화민국의 총통. 국민당 혁명군 총사령관이 되어 북벌에 성공하고 난징 정부의 실권을 장악하였다.

* **회중시계** : 몸에 지닐 수 있게 만든 작은 시계.
* **열망** : 열렬하게 바람.

* **희생정신** : 다른 사람이나 어떤 목적을 위하여 자신의 목숨, 재산, 명예, 이익 따위를 바치거나 버리는 정신.

18권에 계속됩니다.

한국사 핵심 노트

1930~1940년대 중국 내 무장 독립 투쟁을 알아보자.

● 중국 내에서의 무장 독립 투쟁

1) 한인 애국단(1931년)

1920년대 중반 이후 대한민국 임시 정부의 활동이 지지부진하자, 김구는 한인 애국단을 조직하여 임시 정부에 활기를 불어넣고, 국민에게 독립에 대한 희망을 주고자 하였다.

① 이봉창 의거

한인 애국단의 단원 이봉창은 1932년 도쿄 사쿠라다몬에서 관병식을 마치고 돌아오는 일본 국왕 히로히토에게 폭탄을 던졌으나 폭탄이 터지지 않아 실패하고 순국하였다. 하지만 이봉창의 의거는 수많은 독립투사를 움직이게 하였다.

▲ 이봉창 의사

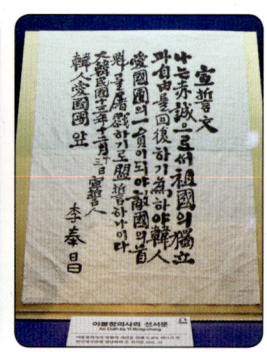
▲ 이봉창 의사 선서문

② 윤봉길 의거

1932년 윤봉길은 상하이의 훙커우 공원에서 열렸던 일본 국왕의 생일 축하 겸 상하이 점령 축하 기념식장에 폭탄을 던졌다. 이 사건으로 일본군 최고 사령관을 비롯한 다수의 고관들이 죽거나 부상당하였다. 윤봉길의 의거는 중국인들에게 큰 감동을 주었고 대한민국 임시 정부는 중국 국민당 정부로부터 적극적인 지원을 받게 되었다.

▲ 윤봉길 의사의 폭탄 투척 후

한인 애국단원의 의거를 잊지 말자!

응! 물론이야!

3) 조선 의용대

1930년대 중국 내의 독립운동 단체들 사이에서 하나로 힘을 합쳐 싸우기 위한 통합 운동이 활기를 띠었다. 1935년에는 의열단, 한국 독립당, 조선 혁명당 등 여러 단체가 뭉쳐 민족 혁명당을 세웠다. 이렇게 만들어진 민족 혁명당은 흩어지고 모이기를 반복하다가 1938년에 조선 의용대를 만들었다. 조선 의용대는 중국 내에서 활동한 최초의 한국인 무장 부대로, 중국 국민당 정부의 지원을 받아 정보 수집, 포로 심문 등 큰 활약을 하였다.

▲ 조선 의용대 환영식

4) 한국광복군

대한민국 임시 정부는 1940년 충칭에 정착하였다. 그리고 1940년 9월 17일, 임시 정부를 중심으로 한 새로운 군대 조직인 한국광복군을 창설하였다. 지청천이 광복군 총사령관, 김원봉이 부사령관을 맡았으며, 화베이 지방에 가지 않고 남아 있던 조선 의용대 대원들이 힘을 보태면서 한국광복군의 규모가 커졌다. 한국광복군은 국내*진공 작전을 계획하고 미국 전략 사무국(OSS)과 협력하여 특수 훈련을 받는 등 독립 전쟁에 나설 준비를 하였다. 그러나 작전을 수행하기 직전에 일본이 제2차 세계 대전에서 항복함으로써 한국 광복군의 계획은 실행되지 못하였다.

▲ 한국광복군 총사령부 성립 전례식 재현 모형

* 진공 : 적을 치기 위하여 앞으로 나아감.

세계사 핵심 노트

대공황 이후 등장한 전체주의에 대해 알아보자.

⬟ 파시즘과 에스파냐 내전

1) 인민 전선의 성립

1920년대 후반 대공황이 닥치자 유럽 국가들 사이에서 파시즘이 확산되었다. 파시즘은 마치 경제 위기의 해결책인 것처럼 여겨졌는데, 그 내용은 전쟁을 주장하는 것이었다. 평화를 지지하는 세력은 파시즘을 반대하며 모든 사람들이 뭉쳐 인민 전선을 만들자고 호소하였다. 1936년 에스파냐에서 파시즘에 맞서 평화 회복을 주장하는 인민 전선 정부가 수립되었다. 그러자 프랑코 장군이 반란을 일으켜 파시즘 정부를 세우려고 하였다.

나 프랑코는 독일과 이탈리아를 지지한다!

2) 에스파냐 내전의 전개

독일, 이탈리아는 군대를 동원하여 프랑코 장군을 적극 지원하였고 영국, 프랑스, 미국은 '불간섭 정책'을 내세워 인민 전선 정부를 지원하지 않았다. 반면 세계 각지의 많은 지식인들과 젊은이들이 파시즘에 대항하여 스스로 무기를 들고 달려와 전쟁에 참가하였다. 각국에서 모인 용병 4만여 명으로 구성된 국제 여단은 인민 전선 정부를 지원하였다.

3) 결과

인민 전선 정부는 4년이나 버텼으나 결국 무너져 버렸다. 프랑코 장군을 지원했던 독일과 이탈리아는 일본과 함께 3국 방공 협정을 체결하여(1937년), 파시즘 나라들 간의 *결속을 강화하였다. 이 세 나라는 곧 제2차 세계 대전을 일으켰고, 에스파냐 내전에 참여했던 나라들은 그대로 양쪽 진영에 서서 세계 대전에 참여하였다.

제2차 세계 대전이다!

* **결속** : 뜻이 같은 사람끼리 서로 단결함.

나치즘과 유대인 학살

1) 나치의 유대인 대학살

독일의 히틀러가 이끄는 나치당은 반민주주의·반공산주의·반유대인 정책을 펼쳤다. 나치당은 아우슈비츠를 비롯한 강제 수용소를 만들고, 유대인을 가둔 뒤 매일 처형자를 골라 가스실에서 죽였다. 강제 수용소의 굴뚝에서는 매일같이 시체를 태우는 연기가 뿜어져 나왔다.

나치당이 권력을 잡고 있던 동안 사망한 유대인의 수는 600만 명이나 되는데, 이 중 가스실에서 학살당한 숫자만 100만~150만 명에 이른다.

▲ 아우슈비츠 수용소

2) 〈안네의 일기〉

나치당의 유대인 학살 정책이 시행되자 안네의 가족은 독일을 빠져나와 네덜란드 암스테르담으로 망명하여 은신처에 숨어들었다. 안네까지 모두 8명의 유대인이 비좁은 비밀 공간에서 숨죽여 살았다. 안네는 이곳에서 열세 살 생일을 맞아 일기장을 선물받았다. 1942년 6월 12일부터 1944년 8월 1일까지 안네는 은신처 생활의 어려움, 그 시대 이야기, 죽음의 공포에 맞서는 희망 등에 대해 일기를 썼다. 1944년 9월 6일 안네는 결국 아우슈비츠로 끌려갔고 이듬해 3월경 죽었다. 훗날 수용소에서 살아남은 안네의 아버지가 일기를 세상에 공개하였다.

▲ 책장으로 가려 놓은 은신처 입구

▲ 안네의 생전 모습

내 일기장의 이름은 '키티'야. 내 유일한 친구지.

도전! 역사 퀴즈

스마트폰으로 QR코드를 찍으면 보다 다양한 모바일 역사 게임을 만날 수 있습니다.

1번 29쪽, 39쪽, 53쪽, 174쪽을 참고하세요.

Q. 다음 퍼즐을 풀어 보세요.

만주에서 벌인 독립 투쟁들이야!

가로 열쇠
① 상하이 훙커우 공원에서 폭탄 의거를 일으킨 한인 애국단원이다.
④ 김좌진 장군이 북로 군정서군을 이끌고 일본군을 크게 격파한 전투다.

세로 열쇠
② 홍범도 장군이 국경 지역에서 일본군을 크게 무찌른 전투다.
③ 신흥 무관 학교 교장을 맡아 독립군을 양성하고, 한국광복군 총사령관을 맡았다.

2번 ✏️ 25쪽, 54쪽, 94쪽, 102쪽, 160쪽을 참고하세요.

Q. 다음 퍼즐을 풀어 보세요.

가로 열쇠🔑
① 상하이에서 한인 애국단을 조직한 인물이다.
② 종로 경찰서에 폭탄을 던진 의열단원이다.
③ 홍범도 장군은 ○○ ○○○ 총사령관을 지냈다.

세로 열쇠🔑
① 조선 총독부에 폭탄을 던진 인물이다.
④ 1940년에 만들어져, 지청천 장군이 총사령관을 지낸 대한민국 임시 정부 정규군이다.

도전! 역사 퀴즈

3번 ✏️ 25쪽을 참고하세요.

Q. 다음 그림과 관련된 인물로 옳은 것은 무엇일까요? 답 (   )

자료
만주 봉오동 지역
봉오동 전투를 승리로 이끈 장군은?

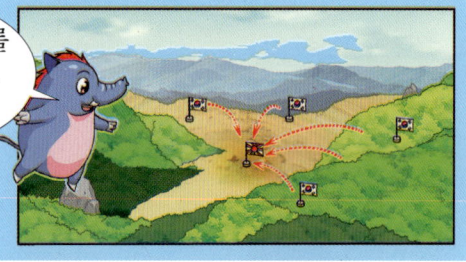

①  홍범도
②  지청천
③  김원봉
④  김좌진

4번 ✏️ 39쪽, 137쪽, 154쪽, 174쪽을 참고하세요.

Q. 인물과 그가 활동한 단체의 연결이 옳은 것은 무엇일까요? 답 (   )

①  **김좌진-신간회**
나는 청산리 전투를 승리로 이끌었지.

②  **이봉창-한인 애국단**
나는 도쿄에서 일본 국왕을 향해 폭탄을 던졌어.

③  **신채호-북로 군정서**
나는 김원봉의 부탁을 받아 '조선 혁명 선언'을 작성했어.

④  **윤봉길-의열단**
나는 상하이에서 일본 관리를 향해 폭탄을 던졌어.

우리 선조들의 멋진 활약을 기억해 봐!

5번 ✏️ 117쪽을 참고하세요.

Q. 다음의 인물이 활동했던 (가), (나), (다)에 들어갈 단체로 옳지 <u>않은</u> 것은 무엇일까요?   답 (   )

활동 단체 : (가) (나) (다)
- 이름 : 김원봉(1898~1958)
- 활동 : 독립운동 지휘
         1948년 남북 협상 참여

① 의열단   ② 조선 의용대   ③ 한국광복군   ④ 한인 애국단

6번 ✏️ 102쪽을 참고하세요.

Q. 다음 인물이 속한 단체로 옳은 것은 무엇일까요?

이달의 독립운동가

김상옥

옆의 사진은 마로니에 공원에 있는 김상옥 의사의 동상이다. 1923년 2월 12일 밤, 김상옥 의사는 한국인을 탄압하기로 악명 높은 종로 경찰서에 폭탄을 던졌다.

① 의열단   ② 대한 독립군   ③ 대한 자강회   ④ 한인 애국단

도전! 역사 퀴즈

7번 25쪽을 참고하세요.

Q. ㈎에 들어갈 활동 내용으로 옳은 것은 무엇일까요?   답 (   )

① 의열단 조직
② 이토 히로부미 처단
③ 조선 총독부에 폭탄 투척
④ 만주 봉오동에서 일본군 격파

8번 94쪽을 참고하세요.

Q. ㈎에 들어갈 기관의 이름으로 옳은 것은 무엇일까요?   답 (   )

사진 속 ㈎ 는 식민지 지배 정책을 실행하던 기관입니다. 여기에 폭탄을 던진 김익상 의사를 기리기 위해 기념비를 세웠습니다.

① 통감부   ② 조선 총독부
③ 서대문 형무소   ④ 동양 척식 주식회사

9번 ✏️ 94쪽, 154쪽을 참고하세요.

Q. 다음 ○, X 퀴즈를 풀어 도착하는 곳을 고르세요.   답 (   )

시작
- 김익상은 조선 총독부에 폭탄을 던졌다.
  - ○ → 김구는 중국 만주에서 의열단을 조직하였다.
    - ○ → ① 한국광복군은 국내 진공 작전을 계획하였다.
    - X → ② 이봉창은 도쿄에서 일본 국왕을 향해 폭탄을 던졌다.
  - X → 안중근은 6·10 만세 운동을 계획하였다.
    - ○ → ③ 김좌진은 청산리 전투에서 일본군을 크게 무찔렀다.
    - X → ④ 일제는 경성에 조선 총독부를 세웠다.

10번 ✏️ 29쪽, 39쪽, 174쪽을 참고하세요.

Q. (가)~(다)를 일어난 순서대로 옳게 나열한 것은 무엇일까요?   답 (   )

(가) 청산리 대첩   (나) 봉오동 전투   (다) 윤봉길 의거

① (가) – (나) – (다) ② (가) – (다) – (나)
③ (나) – (가) – (다) ④ (나) – (다) – (가)

189

도전! 역사 퀴즈

11번 ✏️ 54쪽을 참고하세요.

Q. 칠판에 적힌 질문에 대한 학생의 대답으로 옳지 <u>않은</u> 것은 무엇일까요?   답( )

12번 39쪽을 참고하세요.

Q. 다음 가상 대화의 주제에 해당하는 전투에 대한 설명으로 옳지 <u>않은</u> 것은 무엇일까요?   답( )

① 지형과 지리를 이용해 승리를 이끌어 냈다.
② 한국인 독립군 연합 부대로 이루어졌다.
③ 김원봉과 조선 의용대 병력이 합류하여 힘을 보탰다.
④ 일제는 이에 대한 보복으로 간도 참변, 자유시 참변을 일으켰다.

잘 모르겠으면 처음부터 만화를 다시 보라고.

13번 154쪽을 참고하세요.

Q. 다음 가상 뉴스에 이어질 ㈎에 해당되지 <u>않는</u> 내용은 무엇일까요?

답 (   )

일제 강점기 만주 지역에서는 독립운동이 활발히 전개 되었습니다. 이 지역에서는 ㈎ .

① 의열단이 조직되었습니다.
② 청산리 지역에서 전투가 벌어졌습니다.
③ 이봉창의 의거가 일어났습니다.
④ 한·중 연합 작전이 전개되었습니다.

14번 58쪽을 참고하세요.

Q. 지도와 같이 독립군이 이동한 이유로 옳은 것은 무엇일까요?

답 (   )

① 간도 참변
② 한·중 연합 작전
③ 한인 애국단 결성
④ 참의부, 정의부, 신민부 조직

도전! 역사 퀴즈

15번 ✏️ 71쪽을 참고하세요.

Q. 다음 가상의 편지에서 밑줄 그은 '나'에 해당하는 인물로 옳은 것은 무엇일까요?　　　　　　　　　　　　　　　　답 (　　　)

> 사랑하는 아들에게.
> 오늘 이곳은 비가 오는구나. 저번 국제 연맹 조사단에 보낼 '한국독립원'이라는 혈서를 쓰느라 자른 손가락 마디가 아파 온다. 그러나 나는 굴하지 않을 것이다. 의병 활동을 하다 먼저 간 네 아비를 생각하며 오늘도 다짐해 본다.

①  김원봉　②  윤봉길　③  남자현　④  윤희순

16번 ✏️ 154쪽, 174쪽을 참고하세요.

Q. 독립운동 조직 ㈎에 대한 설명으로 옳은 것은 무엇일까요?　답 (　　　)

"나는 ㈎의 단원으로 도쿄에서 일왕에게 폭탄을 던졌습니다."

"나는 ㈎의 단원으로 상하이에서 일제 고관들에게 폭탄을 던졌습니다."

① 김구가 중심이 되어 조직하였다.
② 만주에 신흥 무관 학교를 설립하였다.
③ 청산리에서 일본군을 크게 격파하였다.
④ 미군과 연합하여 국내 진공 작전을 계획하였다.

17번 ✏️ 39쪽, 102쪽, 174쪽을 참고하세요.

Q. 다음 사건들이 일어난 시기를 연표에서 옳게 고른 것은 무엇일까요?

답 (　　)

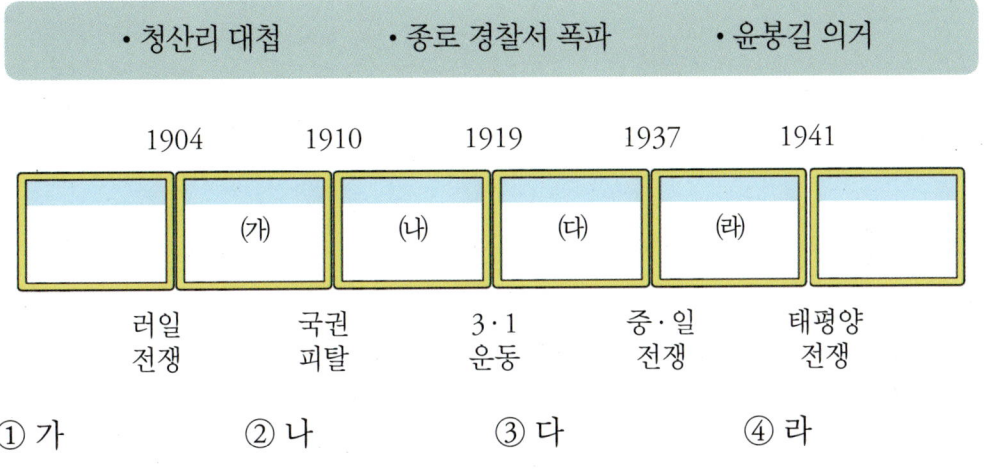

① 가　　② 나　　③ 다　　④ 라

18번 25쪽, 71쪽, 102쪽, 154쪽을 참고하세요.

Q. 서로 관련 있는 것끼리 연결한 선 중 틀린 것은 무엇일까요? 답 (　　)

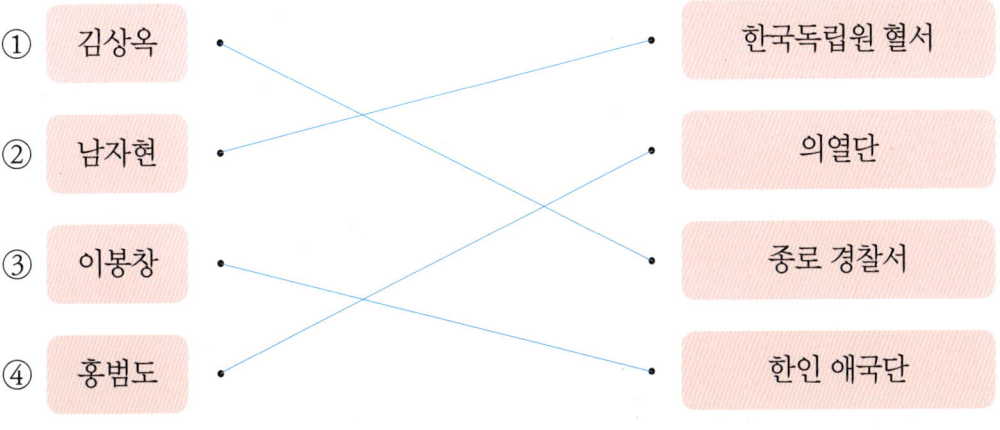

QR 박물관

스마트폰으로 QR코드를 찍어 보면 독립기념관의 문화재 정보로 연결됩니다.

▲독립 기념관 ⓒ 독립 기념관

독립 기념관

드론 촬영한 생생한 유적지를 만나 보세요!

광복 이후 민족의 자주와 독립을 상징하는 기념관 건립의 필요성이 각계에서 제기되었다. 1982년 일본의 역사 교과서 왜곡 사건을 계기로 독립기념관 건립을 위한 국민의 성금 및 역사 자료 기증 운동이 국내외에서 일어나 1987년 8월 15일 개관하였다.

• 소재지 : 충청남도 천안시 동남구 목천읍 삼방로 95 독립기념관

의열단의 경고문

다양한 역사 영상 자료를 만나 보세요!

1923년 1월, 의열단이 조선 총독부에서 근무하는 한인 관리에게 보낸 경고문이다. 의열단에서 벌이는 혁명 운동이 일본의 총독 정치를 끝내고 조선을 구제하는 운동임을 밝히면서 의열단의 혁명 운동을 방해하지 말라고 경고하고 있다.

• 소장지 : 독립 기념관

▲의열단의 경고문 ⓒ 독립 기념관

윤봉길의 회중시계

다양한 역사 영상 자료를 만나 보세요!

독립운동가 윤봉길이 소지하고 있던 회중시계로 상하이 훙커우 공원으로 떠나기 전 김구에게 준 회중시계이다. 1932년 4월 29일, 윤봉길은 일왕의 생일을 기념하는 축하식장에 폭탄을 던져 일제의 주요 인사들을 처단하였다.

• 소장지 : 독립 기념관

▲윤봉길의 회중시계 ⓒ 독립 기념관

이봉창의 선서문

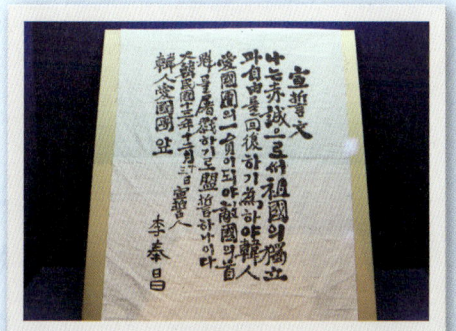
▲ 이봉창의 선서문 ⓒ 독립 기념관

다양한 역사 영상 자료를 만나 보세요!

1931년 12월 13일 한인 애국단에 가입한 이봉창의 입단 선언문으로, 무명천에 묵서로 되어 있다. 한인 애국단은 김구가 조직한 단체로 일제에 대한 파괴와 암살을 주도하였다. 이봉창은 도쿄 경시청 앞을 지나가는 일왕을 향해 폭탄을 던졌다.
• 소장지 : 독립 기념관

독립군의 군복과 장비

▲ 독립군의 군복과 장비 ⓒ 독립 기념관

다양한 역사 영상 자료를 만나 보세요!

압록강과 두만강을 건너 만주로 간 독립운동가들은 일본군과 맞서 싸울 무장 독립군을 조직했다. 기관총과 대포를 갖추어 강력한 부대를 만든 독립군들은 일본군을 상대로 점차 승리를 쌓아 갔다. 독립군 역사상 가장 큰 승리를 거둔 전투의 예로 '봉오동 전투'와 '청산리 대첩'이 있다.
• 소장지 : 독립 기념관

독립군 태극기

▲ 독립군 태극기 ⓒ 독립 기념관

드론 촬영한 생생한 유적지를 만나 보세요!

1920년 6월, 봉오동 전투 당시 독립군 부대가 일본군을 대패시킬 때 사용했던 깃발이다. 홍범도가 이끄는 대한 독립군은 일본군 제19사단을 크게 무찔렀으며, 이는 독립군의 무장 투쟁이 활발해지는 계기가 되었다.
• 소장지 : 독립 기념관

* 본책에서 제공하는 사진 자료의 QR코드 서비스는 표시되어 있는 저작권 이용 조건에 따라 사용하실 수 있습니다.

도전! 역사 퀴즈 정답과 해설

1번 답

		①윤	②봉	길
			오	
③지			동	
④청	산	리	전	투
천			투	

2번 답

	①김	구		④한
		익		국
②김	상	옥		광
				복
③대	한	독	립	군

3번 답 ①

홍범도는 봉오동 전투를 승리로 이끌었고, 북로 군정서군을 이끄는 김좌진과 함께 청산리 대첩에서 또한 일본군을 크게 격파하였다.

4번 답 ②

1930년대에 김구가 만든 한인 애국단원으로 이봉창, 윤봉길이 활동하였다.

5번 답 ④

김원봉은 의열단 단장으로, 조선 의용대 대장으로 한국광복군 부사령관으로 활동하였다.

6번 답 ①

김상옥은 상하이로 망명하여 의열단에 가입한 뒤, 종로 경찰서에 폭탄을 던지고 순국하였다.

7번 답 ④

자료는 홍범도의 생애에 대한 내용이다. 홍범도는 봉오동 전투에서 일본군을 격파하였다.

8번 답 ②

의열단의 김익상은 조선 총독부에 폭탄을 던져 항거하였다.

9번 답 ②

만주에서 의열단을 조직한 인물은 김원봉이며, 안중근은 이토 히로부미를 저격하고 사형당하였다. 신흥 무관 학교는 신민회가 만주에 세운 교육 기관이다.

10번 답 ③

봉오동 전투와 청산리 대첩은 3·1 운동이 끝나고 만주에서 무장 투쟁이 활발해지며 얻은 성과이다. 윤봉길 의거는 1930년대 초에 만들어진 한인 애국단의 활동이다.

11번 답 ③

종로 경찰서에 폭탄을 던진 인물은 의열단에 소속되어 활동한 김상옥이다.

도전! 역사 퀴즈 정답과 해설

12번 답 ③

김원봉과 조선 의용대 병력이 합류하여 군사력이 한층 강화된 것은 한국광복군에 대한 설명이다.

13번 답 ③

이봉창 의거는 일본 도쿄에서 일어난 일이다.

14번 답 ①

일제는 봉오동 전투와 청산리 대첩에서 패배한 데 대한 보복으로 간도 참변을 일으켰다. 이에 독립군들이 자유시로 이동하였다.

15번 답 ③

1932년에 남자현은 '한국독립원'이라는 혈서를 써서 국제 연맹 조사단에 전달하려 하였으나, 실패하였다.

16번 답 ①

㈎는 한인 애국단이다. 김구는 대한민국 임시 정부의 활동을 활성화하기 위하여 한인 애국단을 조직하였다.

17번 답 ③

1920~1930년대의 일제 강점기는 수많은 독립군 부대와 항일 조직 단체들이 항일 무장 독립운동을 한 시점이다.

18번 답 ④

홍범도는 대한 독립군 총사령관으로 봉오동 전투를 승리로 이끌었다.

자료 제공

사진 출처 9 조선 혁명 선언·위키피디아 44 선교사 리빙스턴·위키피디아 44 뒤샹의 작품 〈샘〉·위키피디아 45 윌버 라이트·위키피디아 45 오빌 라이트·위키피디아 45 플라이어호·픽사베이 45 LZ129 힌덴부르크호·위키피디아 79 대한민국 임시 정부 국무원·위키피디아 80 참정권을 요구하는 미국 여성들·위키피디아 81 무솔리니·위키 퍼블릭 81 무솔리니와 히틀러·위키피디아 113 이승훈·위키피디아 113 민립 대학 기성회 광고·위키피디아 114 관동군 사령부·위키피디아 114 류탸오후 사고 직후 현장·위키피디아 115 만주국 청사·위키피디아 115 황제 푸이·위키피디아 140 의열단의 경고문·독립 기념관 142 난징을 공격하는 일본군·위키피디아 142 일본군에게 붙잡힌 중국인들·위키피디아 143 난징성에 입성하는 일본군·위키피디아 143 상하이 전투의 일본 해병대·위키피디아 180 이봉창 의사·위키피디아 180 이봉창 의사 선서문·독립 기념관 180 윤봉길 의사 폭탄 투척 후·독립 기념관 181 조선 의용대 환영식·위키피디아 181 한국광복군 총사령부 성립 전례식 재현 모형·독립 기념관 183 아우슈비츠 수용소·픽사베이 183 책장으로 가려놓은 은신처 입구·위키피디아 183 안네의 생전 모습·위키피디아 186 김좌진·위키피디아 186 이봉창·위키피디아 186 신채호·위키피디아 186 윤봉길·위키피디아 187 김원봉·위키피디아 187 김상옥·위키피디아 188 홍범도·위키피디아 188 조선 총독부·위키피디아 188 김익상 의사 의거비·위키피디아 189 청산리 대첩·독립 기념관 189 봉오동 전투·독립 기념관 189 윤봉길 의거 모형·독립 기념관 192 김원봉·위키피디아 192 윤봉길·위키피디아 192 남자현·위키피디아 192 윤희순·위키피디아 192 이봉창·위키피디아 194 독립 기념관·독립 기념관 194 의열단의 경고문·독립 기념관 194 윤봉길의 회중 시계·독립 기념관 195 이봉창의 선서문·독립 기념관 195 독립군의 군복과 장비·독립 기념관 195 독립군 태극기·위키피디아

이 책에 사용한 모든 자료의 출처를 밝히기 위해 노력하였습니다.
누락되거나 잘못된 점이 발견되면 바로잡겠습니다.

재미도 지식도 살아 있는 학습만화
LIVE 시리즈

과학 원리가 살아 있는 LIVE 과학
- 최신 과학 원리가 한 권에!
- 통합 교육 과정에 맞춘 교과 연계

• 첨단 과학(전 20권) / 지구 과학(전 10권) / 생명 과학(전 10권) / 기초 물리(전 10권) / 기초 화학(전 10권)
초등 전 학년 | 전 60권 | 각 권 200쪽 | 정가 각 13,000원

역사의 흐름이 살아 있는 LIVE 세계사
- 전문가와 함께 기획한 구성
- 각 나라의 대표 인물을 통해 배우는 생생한 역사

• 초등 전 학년 | 전 20권 | 각 권 200쪽 | 정가 각 13,000원

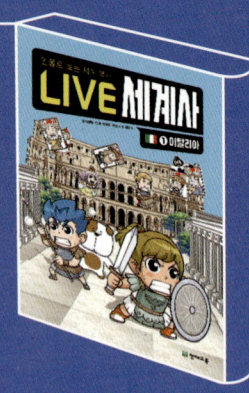

지식과 인물이 살아 있는 LIVE 한국사
- 시대별 인물을 통해 배우는 생생한 역사
- 한국사 능력 시험 직접 연계

• 초등 전 학년 | 전 20권 | 각 권 200쪽 | 정가 각 13,000원

재미를 더해 주는 멀티미디어 학습까지 한번에 즐겨요!